Richard Susskind

Second Edition
TOMORROW'S LAWYERS
An Introduction to Your Future

法律人的明天会怎样?
法律职业的未来
（第二版）

〔英〕理查德·萨斯坎德／著　何广越／译

本书献给
丹尼尔、杰米和阿里
我深爱的孩子们
你们带给我无穷的幸福

一扇门合上，另一扇门就打开。但我们常常盯着关上的门太久，心怀遗憾，根本没有看到向我们打开的那扇门。

亚历山大·格雷厄姆·贝尔
（Alexander Graham Bell）

要靠体制解决问题，而体制则在拖延问题。

克莱·舍基（Clay Shirky）

第二版序

本书初版面世于2013年,书中的重要判断之一是法律世界在未来20年间的剧变程度会超越过去200年。现在3年过去了,我觉得进展不出所料。这段时间法律世界里发生了很多事情。随便举一些例子:很多大型律所已经设立了低成本服务中心来承担日常法律工作;四大会计师事务所在全球的法律服务能力快速扩张;法律科技的创业企业数量暴涨,全球已经超过千家;在法律中应用人工智能(AI)的想法引发了全行业创新者的无穷想象,无论是领军律所还是涉足技术开发的法学院学生;在英格兰和威尔士较为开放的法律体制下,大量"替代性商业结构"(Alternative Business Structure,简称 ABS)[1]涌现

---

[1] 此为译者注。原书无脚注,中译本脚注均为译者所加,下同。

(现已超过500家);行业组织,比如加拿大律师协会,发布了关于未来法律服务的研究成果;资深法官不遗余力地倡导更多地利用技术;英国政府承诺投入超过十亿英镑来推动英格兰和威尔士法院体系的现代化和数字化;大量企业法务部门,尤其在美国,任命了首席运营官来重新审视和管理法务部的运行;最后,恐怕出乎有些人意料,购买本书初版的中国律师比英国律师更多。总之,很多改变发生在这短短3年间。同时,行业观察者们同意变革的步伐还在加快,而且如今很多法律行业内的领袖已公开承认法律世界正在进入转型期。

事实上,我们才刚刚起步。

我自己的思考也继续完善了。过去几年间,我依然持续观察我的律所客户,看到他们奋力向前,拥抱新型雇佣模式和新技术。这几年在线解决纠纷也花去了我大量时间精力。我还为民事司法委员会(Civil Justice Council)主持了一个咨询工作组,创立了网络法院的理念,工作组的倡议已经成为英格兰和威尔士的司法和政府政策。此外,我还很高兴和我的长子丹尼尔·萨斯坎德(Daniel Susskind)合著了一本书《专业服务的未来》(*The Future of the Professions*),已于2015

年出版。丹尼尔是牛津大学贝利奥尔学院的经济学研究员。这促使我把视野从法律转向其他专业服务，也给了我和经济学者共同研究的机会，这些都使我重新审视了我过去的一些分析。

这一切都是为了说明本书的初版已经过时了。因此，我撰写第二版的目的是把法律市场的最新进展和我自身的思考和经历都展现出来。当然，更新部分我依然写得比较简练，因为我始终更关注宏观图景——大趋势及其可能的结果。我的主要目的是激发大家改进法律系统的公心从而进行开放的辩论和反思。尽管本书最初是写给年轻法律人的，但结果年长的法律人看来也喜欢读短小实惠的册子，所以他们也成了本书的读者。我很高兴看到这个情况——任何法律人，除非他们今天就退休，都属于未来的法律人。

理查德·萨斯坎德
2016 年 10 月
于英格兰拉德利特

第一版序

这本书是为未来的法律人和法律教育者而写的,主要讨论法律职业和司法制度目前面临的迫切问题。我确信,法律世界已经到了天翻地覆的边缘,本书将讨论影响这场变革的各种力量,期待引起更广泛的关注和讨论。

尽管我的本意是指引新一代的法律人,但本书也可供有经验的实务界人士阅读。职业人士工作忙碌,未必有时间读我以前写的大厚书,因此我希望本书也能简洁表述出我此前著作中的观点。当然,本书中谈到法律市场的大趋势,相关观点已经过重大修订。

我并不指望读者会同意我所说的一切。倘若本书能激发出大家对法律和法律人的未来更严肃的反思与讨论,我的任务就完成了。不过,由于我们正处于激变的时代,本书的讨论难免挂一漏万。我每天都能听到法律行业的新鲜事——各种新型法律服务机构、在线服务机构纷纷涌现,用不同方式满足客户需求的创新点子层出不穷。然而,本书谈及这些创新,不能做到无限跟进,本书谈到的新动向止于2012年5月末。在这期间直到本书出版,如果出现了重大的新型法律服务,也非意料之外。

我要向很多人致谢。首先是牛津大学出版社的团队。这已经是牛津大学出版社第五次同意出版我的著作,能与如此优秀的出版社合作,一直是我的荣幸。我尤其感谢英国的露丝·安德森(Ruth Anderson)和苏菲·巴勒姆(Sophie Barham)以及美国的尼娜尔·西尔伯伯格(Ninell Silberberg)给我的友善支持和建议。我还必须要感谢本书写作计划的各位匿名审阅人,他们提出的各种建议使本书增色不少。

帕特里夏·凯托(Patricia Cato)帮我处理了无数初稿。我不仅说话快,而且格拉斯哥地方口音重,但她的表现依然轻松,超越了所有语音识别系统。

一些朋友和同事慷慨拨冗阅读本书初稿,我从他们的指导、鼓励、批评中获益良多——内维尔·艾森伯格(Neville Eisenberg)、黑兹尔·盖恩(Hazel Genn)、丹尼尔·哈里斯(Daniel Harris)、劳伦斯·米尔斯(Laurence Mills)、戴维·莫利(David Morley)、艾伦·佩特森(Alan Paterson)、托尼·威廉斯(Tony Williams)。我衷心感谢他们。

还要特别提到两位审稿人——我儿子丹尼尔(Daniel)和杰米(Jamie)。没有他们的爱和鼓励,本书不可能完成。我酝酿这本给有抱负的律师的书时,他们极感兴趣。当别的事情让我分心时,他们激励我坚持下去。他们也给本书初稿提出各种意见,思考之广泛和清晰让我惊喜。

还有一位重要人物,我的女儿和朋友阿里(Ali)。我把本书献给她和她的哥哥们。我们在一起的每时每刻,我都倍感珍惜。我的女儿是最棒的。

最后,我一如既往非常感谢我深爱的妻子米歇尔(Michelle)。过去三十多年,她一直纵容我时不时发作的写作狂热,殊为不易。她无限支持我的工作,对我的想法充满信心,这让我始终感怀于心。

理查德·萨斯坎德

2012年6月

于英格兰拉德利特

目　　录

导言／1

第一部分　法律市场的剧变

1　变革的三重驱动力／11

2　制胜的策略／26

3　法律工作的大宗商品化／35

4　不同的工作方式／43

5　颠覆性的法律技术／55

第二部分　新　图　景

6　律所的未来／73

7　企业法务律师的角色转变／86

8　变革的时机／101

9　司法触达与在线法律服务／109

10　法官、技术和虚拟法院／118

11　在线法院与在线纠纷解决／130

12　回顾《法律的未来》／143

第三部分　年轻法律人的前景

13　法律人的新工作／155

14　谁会是年轻法律人的雇主？／169

15　如何训练律师？／183

16　取代过时的训练场／193

17　给雇主的问题／201

18　人工智能与行业远景／211

拓展阅读／226

导 言

这本书简要介绍了未来,写给年轻有抱负的法律人。

本书将预测和描述未来的法律世界,那个世界跟过去全然不同。我认为法律机构和律师们正站在十字路口,20年之内将会遭遇剧烈变革,其变化程度将超越过去两个世纪的总和。如果你是一位年轻的法律人,你会亲身体验这场变革。

这里"年轻"要从广义上解释:既包括正在考虑找法律工作的学生,也包括想了解职业生涯将如何继续展开的律所新晋合伙人。本书也适合那些对新兴法律服务机构感兴趣的人(例如正在寻求重新定义法律市场的法律科技创业企业或新型律师事务所等)。

事先说明,传统律所里面的老前辈们,可能读完本书前几段之后就丢一边了。关于未来,尤其是涉及技术方面的话题,似乎主要是下一代人的事情。尽管如此,本书中讨论的一部分变革在未来几年就会出现。除非立马就要退休,否则书里讲的内容也会直接影响到年龄稍长的律师。况且,今天法律界的领袖们也不应该仅仅关注如何维持现状到退休,他们也该考虑遗留给业界的长远问题。

"我呼唤年轻的心灵,与年龄无关。"约翰·F.肯尼迪(John F. Kennedy)曾经如是说。这句话也可以用在这里。本书写给那些精神年轻、积极、乐观的人们——那些和我一样认同我们能够也应当促使法律和司法系统更"现代化"(我更喜欢用"升级"这个词)的人们——本书献给他们。

法律职业的断层

写作本书时,法律业界正在针对若干重要议题展开激辩。例如,有人对削减公共法律开支深表关注,因为这可能不利于"司法触达"(access to justice)[1]。再有,法学院录取的学生人数似乎超过了就业市场容量,有人对此深表焦虑。

---

〔1〕"司法触达",在英语国家专指人民参与司法过程,获得法律服务,尤指投入公共资源补贴弱势群体,为他们提供法律援助。

法院诉讼费用高得不合常理,也有人为此感到不安。

对上述这些问题,我提出了一些应对之策,不过可能跟大多数求职顾问、家长、教授、法律从业人员的切入点都有所不同。例如,大多数律师争取不要削减法律援助,而我则认为我们应该探索和运用替代性方法来提供法律指导,尤其是在线法律服务;评论家们对法学院过度招生表示焦虑,而我认为未来法律人可以追求一系列激动人心的新职业机会(不过我也担心我们尚不能让学生和年轻法律人为这些工作做好充分准备);法官和诉讼律师寻求控制诉讼成本的方法,而我认为我们应该引入虚拟庭审、网络法院和在线纠纷解决。

当前法律界的多数人还在从以往的经验里寻找解决方法,默认法律职业会一成不变。相比之下,我预言法律职业未来会出现断层,变革后的法律行业会跟当前截然不同。未来的法律服务不会是格里森姆式(Grisham)[1],也不是鲁博

---

[1] 此处指约翰·格里森姆(John Grisham),美国畅销法律小说家,其作品以戏剧化的法庭案件见长。

尔式（Rumpole）[1]。不会存在带假发的律师、木墙围起的法庭、皮革封面的大厚书、佶屈聱牙的法律黑话。甚至，未来的法律服务也将和现在律师提供服务的主流方式十分不同。现在律师主要提供面对面的咨询式专业服务，由律师与客户在光鲜或是阴暗的办公室里见面，提供量身定制的顾问服务。未来，为满足客户需要，我们需要扬弃现在手工业的服务形式，另起炉灶。很多其他职业正在经历大范围剧变，法律职业也不会例外。确实，法律职业的剧变已经开始了。为客户量身打造定制服务的法律专家将面临新工作方式的挑战，新方法的特点是低劳动成本、大规模定制、可重复使用的法律知识、全方位采用先进技术，等等。

20世纪70年代末至80年代初，当我还在上法学院时，基本没有学生会费心多想法律行业的未来会怎样。我们理所当然地以为二三十年后的律师工作会没什么两样。当时的我们没看到变化并不奇怪。相反，从现在开始向前展望25

---

[1] 此处指霍勒斯·鲁博尔（Horace Rumpole），英国著名电视剧《刑事法庭上的鲁博尔》（*Rumpole of the Bailey*）的主人公，该剧讲述鲁博尔的刑事法庭辩护生涯。

年,如果还有人说律师和法院的运作模式不会有什么变化,那就荒唐了。信息技术的功能日渐强大,普及度也越来越高,就算仅仅考虑技术不可阻挡的崛起(还有其他的变革驱动力),我们也能知道未来的变革不仅仅是小打小闹。

干吗要听我的呢?

你可能会猜想法律行业里的资深人群,他们已在深入思考律师和法律体制的远景。很遗憾,这些掌舵人们——政治家、律所高级合伙人、政策制定者、法学教授、高级法官、行业领袖——几乎没有人的眼光会实际超出未来数年之外。当下经济大形势不佳,眼前的问题已经够让人头疼了。

事实上,全世界的法律人群体内,大概只有一百来位律师和教授全力投身研究和规划法律行业的远景(有些成果列入了本书末"拓展阅读")。本人是其中之一,而且我从事这方面写作、演讲、咨询的时间比大多数人更久。我在这方面的工作始于1981年,当时是格拉斯哥大学三年级法律本科生。我在牛津大学撰写了法律与计算机的博士论文,并在四大会计师事务所之一工作了数年。20世纪90年代的多数时候,我在一家国际律所工作,并在其管理委员会任职3年。

我任法学教授亦超过25年，其中20年同时担任世界各地律所、法务部门、政府、司法机构的独立顾问。

过去30年间，我在诸多著作和报刊专栏提出种种预测。现在看来，即使最尖锐的批评者也不得不承认被我说中的居多。这么说吧：我预测激烈变革的法律世界将会到来，如果我在本书中说对的可能性高于一半，那就值得你花上几个小时来思考一下前因后果。如果我继续猜对——我相信赢面比20世纪90年代时更大——那本书就值得一读。我希望读者们不要用防御者的心态（"我们怎么能让这一切停止发生？"）来阅读本书，而要尝试去发现令人激动的新选择和新机遇（"我想要成为先锋人物之一"）。

本书的结构

本书分为三个主要部分。第一部分修订并简述我关于未来法律服务的观点，这些观点源于四部前作：《法律的未来》(*The Future of Law*, 1996年)、《改造法律》(*Transforming the Law*, 2000年)、《律师的终结？》(*The End of Lawyers*, 2008年)和《专业服务的未来》(*The Future of Professions*, 与丹尼尔·萨斯坎德合著, 2015年)。我尝试为年轻有抱负的律师们浓缩这几本书的要点。我会介绍驱使法律市场变革的动力,解释导致律师的不同工作方式的原因和模式,鼓励新的提供商带着法律服务的创新方式进入市场。我还会讨论一系列的技术,这些技术会颠覆传统律师的工作方式。此处我关注的对象主要(但绝不仅仅)是商业律所的民商事业务。如果您已经读过我的其他著作,也希望您不要跳过第一部分,因为市场已有了重大变化,我的思考自前四部著作之后也有所发展。

然后,在第二部分,我描绘我所预测的新的法律图景。我会讨论律所的未来,企业法务律师面对的挑战,以及可能出现的变革。我还会讨论如何利用各种在线法律服务来应对"司法触达"问题。对于法官和法院的工作,我也作出一些预测,包括虚拟庭审与在线纠纷解决的前景。我还利用撰写本书的机会来重新审视我在1996年《法律的未来》中的一些说法,书中我对20年后的法律世界作出了一些预测。

最后,本书第三部分聚焦年轻法律人的前景。我将追问未来会有哪些新的工作和雇主,以及训练下一代的法律人的目的和方法。我认为我给出答案都相当乐观积极。我还替年轻法律人(现在和未来)的雇主准备了一些尖锐问题。完结本书前,我展望远景,尤其是人工智能(AI),也向(心灵上)年轻的律师们提出了挑战。

韦恩·格雷茨基(Wayne Gretzky)可能是历史上最优秀的冰球选手,他有一句名言:"奔往冰球所向,而非冰球所在。"同样,当法律人思考和规划律所或法学院的未来时,你们应该考虑法律市场的发展趋势,而非其过往的形态。很遗憾,借用冰球的术语来说,我担心大多数法律人还在奔向冰球所在,而我的目的就是要指出冰球可能会飞向何处。

第一部分
法律市场的剧变

1
变革的三重驱动力

法律市场正处于引人注目的变动之中。用不了20年,律师的工作方式就将急剧转变,提供法律服务的全新方式会兴起,新的服务提供者将在市场中大展身手,法院的运作方式也会改变。若无法适应,那么很多传统的法律服务机构必将被淘汰出局。另外,富于创业精神和创造力的年轻律师也能发现各种崭新的机遇。

我相信这种变革主要由三股力量来驱动:"事多钱少"的难题、准入放宽、技术(我指信息技术)。有些观察家可能会指出另外的因素,例如变化中的人口特质和日益普遍的全球化。我不否认这些因素也相当重要,但本书的关注焦点是提供法律服务方式的变革。无论是我的研究和咨询工作,还是我对其他职业领域的观察总结,都令我确信前述的三重驱动力是关键所在。下面逐一介绍。

"事多钱少"的挑战的难题

律师有各种各样的客户。比如企业法务律师,他们在大型组织内部工作,如果需要解决重大纠纷或完成大型交易,他们会为法律服务支付大量费用。比如中小型企业的管理人员,他们需要租房、雇员,遵守各种法律法规。再比如个人,他们也需要法律方面的帮助,例如搬家、还债,或者寻求人身损害赔偿。尽管法律服务的需求多种多样,所有客户目前都共同面临一个巨大挑战——总的来说,他们负担不起以传统方式提供的法律服务。

法务总监(他们负责公司内部的法务部门)都异口同声地说他们面临三大问题。第一,因为经济不景气,他们受到压力要削减公司内部法律团队的规模。第二,公司总裁、首席财务官、董事会也要求法务总监削减聘用外部律所的费用。第三,法务总监说他们还不得不同时完成比以前更多的法律和合规的工作,而工作中的法律风险也比以前更高。很多法务总监向我透露,公司的法律开支要削减30%到50%,从表面看来这没法办到。大型公司和金融机构既要增加工作量又要削减法律方面的开支,必须要找到应对方法。我把这称作"事多钱少"的难题——客户如何能与外部律所一道,以更低的成本来获得更多的法律服务?

事多钱少的困境并不仅是大企业法务律师的难题。小型企业也面临同样的问题。这些企业内部并没有专职律师,一旦他们需要正式的法律服务,必须找外部律所。然而,很多商业人士承认,当他们有法律需求时,却请不起律师,只得无奈承受没有律师的风险。至于普通消费者,尽管法律对生活来说至关重要,但公共法律援助的急剧缩减意味着只有很富或很穷的人才能得到律师服务。因此,个人一样面对事多钱少的挑战。

未来 10 年间,我相信事多钱少的难题将成为法律服务的根本特征。这将不可逆转地改变律师工作的方式。

准入放宽

变革的第二重驱动力是准入放宽。先简略介绍下背景。总体而言,大多数国家一般只允许有执照的律师向客户提供法律服务,也仅允许以某种特定组织形式来提供服务(最典型为合伙制)。法律法规会划定谁可以成为律师,谁可以运营法律服务机构,以及这些机构可以提供哪些服务。不同国家可能划定不同的具体界线。在英格兰和威尔士,有所谓法律作为保留行业(那些仅限有执照的律师才能从事的工作),在美国则有所谓"授权法律执业"(authorized practice of law),前者的范围更狭窄。无论具体范围如何,大多数国家仅限律师从事法律服务背后的原则大同小异,最重要的理由是为了保护客户利益,提供法律咨询的人应当经过充分训练并具备相应经验。好比说我们不会让一个路人甲来给我们做开颅手术,我们一样也不会想要一个路人甲来替我们打官司。

但是,如果把法律服务的提供者限制起来,会出现一个大问题:消费者没有充分的选择权。对此,数十年来,批评家和改革者都主张,法律职业是不正当的垄断,限制了市场竞争。不少人奔走呼吁,要求放宽法律法规对法律服务主体资格和组织形式方面的限制。这种呼吁其实就是要求放宽法律执业资格。(需要注意,准入放宽并不等同于无监管。很多呼吁准入放宽的人,依然希望对律师和其他新型法律服务提供者有所监管。)

在英格兰和威尔士,呼吁者的声音早在2004年发表的一份独立报告中就得到了回应。这份报告被称作《克莱门蒂报告》(Clementi Report)。戴维·克莱门蒂爵士(Sir David Clementi)(会计师出身,并非律师)受御前大臣(Lord Chancellor)任命,重新检讨法律服务的监管框架。针对法律市场准入的关切,他建议大幅放宽限制。这份报告终于推动《2007年法律服务法》(Legal Service Act 2007)出台,其中一些条款允许设立新的法律服务机构形式,称为"替代性商业结构"(ABS)。从而,非律师可以持有并运营法律服务机构;允许私募基金或风险投资之类的外部投资者,将资金注入法律服务机构;还允许非律师成为律师事务所的所有人。(顺带一提,苏格兰也有类似立法,只不过更保守一些。)

此后英格兰和威尔士不断涌现新情况。2011年10月,关于法律服务机构所有人的新规则生效。随后2012年3月,律师监管机关(Solicitors Regulation Authority)开始批准设立ABS,至今已颁发了500多块牌照。四大会计师事务所中的3家(毕马威、普华永道和安永)也在其中,这也是他们所对法律市场感兴趣的诸多迹象之一(详见第14章)。很多成立多年的律所(如Irwin Mitchell、Knights、Weightmans)也和众多规模较小的律所和创业企业一样领了ABS的牌照。很多知名大企业,如英国电信、直线保险(Direct Line)和汽车协会

(AA)也组建了各自的ABS。

第一家获颁ABS牌照的大众品牌是"合作法律服务"(Co-operative Legal Services),隶属于合作集团(Co-operative Group)[1]。2012年这家机构刚领到牌照时,他们获批在3个指定法律领域从业:遗嘱认证、不动产处置和诉讼。那时,他们还宣布计划在330家银行网点提供法律服务,有意为法律行业增加3000个新岗位。这份计划当时引发了不小的轰动,但整个集团下一年遭遇的整体财务问题无疑阻碍了计划的推行。虽然如此,一个家喻户晓的大众品牌涉足法律服务的尝试依然对不少消费者有吸引力,而且这在未来依然有可能会实现,无论践行者是不是合作集团。与此同时,很多律所都在接触私募基金,因为据说一旦律所转型成为ABS就可以获得大量外部融资(2012年,苏格兰皇家银行估计有10亿英镑的资金可供投入律所)。

这些新动向带来深远影响,代表着传统法律服务的重大变革。尽管并非所有新动作都由《法律服务法》直接引发,但

---

[1] 合作集团是英国最大的消费者合作社,广泛涉足各种消费者领域如食品销售、金融服务、保险服务等。

无论具体新做法如何，这部法律本身已经在英国法律市场激发了更强烈的创业精神。即使某些领域还没有正式解禁，人们的思路也打开了，不再局限于提供法律服务的固有狭隘方式。法律市场中出现了新的服务提供者，他们也是新的市场竞争者。没有人知道我们究竟将走向何方，目前对最终结果尚不能言之凿凿。市场的本质就是不断演化。我们唯一可以确信的是重大变革已然临近。英国法律市场的规模约有250亿英镑。投资者、企业家和商业街零售商都认为这个市场的效益还可以大幅提高，提供法律服务的方式还可以更新、更便宜、更易于被客户接受，其中机遇不少。

新的市场参与者对传统工作方式并不感冒。例如，他们不相信所有的法律服务都应当由昂贵的律师在市中心昂贵的写字楼里完成。尽管很多传统律师依然坚持按时间收费，新的市场参与者却并不认为这是法律服务的最佳收费方式。他们并不局限于陈旧的工作方式，而是乐于变革。律师们往往对实际运营中的商业因素知之甚少，而新的市场参与者在商业管理方面比律师更有优势。当受到实业和公司董事会管理方式的影响，并得到风险投资和私募基金的支持时，法律业界必将改变。

简而言之,市场的力量正在整体影响英国律师业,给传统律所带去巨大竞争压力。准入放宽带来的冲击程度引发了激烈讨论,大家对此认识不一。例如,很多大律所认为准入放宽只跟商业街边的律所有关,因为准入放宽冲击了他们量大利薄的工作(也就是工作本身价值一般,靠走量挣钱的活儿)。再如,那些大所说他们并不需要外部投资。然而,他们应该注意到准入放宽已经把四大会计师事务所中的3家重新拉回英国法律市场,并由此带来竞争。而且,大所可能不需要额外的现金流来维持他们一贯的执业方式,但他们未必有足够资金投资新的服务方式,比如为大客户设立共享的服务中心(见第2章)。

在那些法律职业尚未松绑的国家(即世界上多数国家),律师会出于另一个原因而无视准入放宽现象——他们把准入放宽当作少数误入歧途的国家发生的咄咄怪事。然而,如果准入放宽能帮助客户解决日益增长的事多钱少问题,那我认为准入放宽将在全世界出现连锁反应。跨国企业在某些已经松绑的体制下享受到新服务形式的好处,这些公司的法务总监理所当然会要求在其他国家享受类似服务。如果不能从新的执业形式中获益,那传统市场中的律所就处于竞争劣势,比如说无法为目标远大的创新项目筹措资金。当然,传统国家是否及如何正式应对准入放宽,依然有待观察。在美国,很多相关问题已由各州律师协会深入讨论,不少提出了大胆的改革建议。全美律师协会(American Bar Association)下属的20/20伦理委员会在2012年进行了较为保守的探讨,但2016年,协会下属的未来法律服务委员会(Commission on the Future of Legal Services)主持的研究则更为开明。另外,加拿大律师协会(Canadian Bar Association)也已经在2014年题为《未来:加拿大法律服务提供的转型》的报告中直面了准入松绑和其他一系列问题。我预计未来10年左右,经过激烈挣扎和反复调整,西方世界的大多数主要国家和很多新兴国家会采用英格兰的方法放宽准入。即使他们不照改,一些国家放宽准入也会推动多数其他国家松绑。

技术

过去35年以来,我都在思考及探讨技术(指信息技术)给律师和法院带来的冲击。我向无数律所、法务部和政府机关提供过这方面的咨询意见。大体上说,法律行业还未接受新体系,但也已逐步发觉技术大潮对行业的冲击无可避免。

技术已无所不在。看看技术产品的用户数量:移动电话(50亿)、互联网(35亿)、电子邮件(25亿)、Facebook(17亿)。正如谷歌的埃里克·施密特(Eric Schmidt)所言,"我们现在每两天创造的信息量相当于文明开端直至2003年人类创造的信息总和"。按这种思路,如今每两天(其实现在不到两天,因为施密特的话是几年前说的)我们就创造出超过5×10^{18}字节的数据。

　　技术和互联网并不是昙花一现,相反,它们还在持续发展。乘云计算的东风,信息处理变得越来越像是水、电一样的公共基础资源。尽管如此,很多未经深思的律师却仍然觉得信息技术被大大高估了。有些人还在拿互联网泡沫破裂[1]说事,还毫无根据地说技术带来的冲击正在减缓,而最近关于法律人工智能的讨论会被证明无非是噱头罢了。这种奇谈怪论是对时势彻头彻尾的误读。律师们应该多了解了解摩尔法则:这不是关于不动产的法律,而是由英特尔联合创始人戈登·摩尔(Gordon Moore)1965年提出的预言。

---

　　[1]　此处特指1995年至2001年美国投资界对互联网产业的投机失败。

他预言,大约每两年,计算机的处理速度会翻倍,但其成本却减半。那时的质疑者说这个趋势最多持续几年,不会长久。结果,该趋势一直发展强劲,计算机科学家和材料学家说在可预见的将来很可能不会减缓。

雷·库兹维尔(Ray Kurzweil)的巨著《奇点临近》(*Singularity is Near*),基于摩尔法则确能持续发展下去的假设,对未来进行了描绘。据他所说,到2020年普通的台式电脑就能拥有和人脑一样的处理能力(根据神经科学家所说,人脑的处理能力大约是每秒计算10^{16}次)。想来有趣,1973年我12岁时,我第一次拿到一台(大号)电子计算器,仅仅不到50年,一台同样尺寸的机器就会拥有和人脑一样的处理能力。但这还远远不如书里后面的预言更神奇——据库兹维尔所说,到2050年,一台普通的台式电脑会拥有相当于全体人类头脑加在一起的处理能力。你可以说我太异想天开,但在我看来,如果我们能设想某一天一台普通的台式电脑会超过全体人类处理能力的总和,那律师们可能是该停下来反思一下他们的某些工作方式了。如果技术会剧烈改变信息和社会的各个角落,但法律工作却偏偏能超然在外,这肯定是说不通的。

还应该注意到,处理能力的爆炸式增长体现在技术的多个方面(从芯片上的晶体管数量、硬盘容量、计算机内存容量,到网站数量,等等)。而技术的本质和角色也在改变。如果你是1997年的网民(那时大约有4千万到5千万网络用户),那你只是消极接受网站提供者想要公开或传播给你的信息。10年以后我们就进入了新时代,普通人(而不是计算机专家)都可以直接在网上贡献内容和参与活动了。网民本身成了内容提供者,读者成了作者,被动接收者成了主动参与者,用户可以作贡献。我们找到了崭新的方式来制造信息和彼此协作,不管我们是博客作者、社交网络用户,或者是维基百科或YouTube之类网络共享资源的贡献者。

想到信息技术和互联网的无限潜力,令人兴奋但也令人不安。我们的机器和系统的能力越来越强大。除了那些基础技术的快速演进,不计其数的新兴应用也时时涌现。想来有趣,大概几年之后,我们的网络生活可能就会被现在几乎没有听说过或者根本还没设计出来的系统主导。8年前,几乎没有什么律师听说过推特(Twitter),今天它已经有了5亿多用户。即便推特已经有了这么多用户,我感觉还有律师在等着推特自己消失。在抗拒推特或者其他新系统的过程中,我们经常看到一种被我称作"非理性抗拒主义"的现象——武断和本能地排斥一种技术,即使质疑者没有什么亲身经验。法律职业面临的最大挑战之一,正是如何更早地采纳新系统,更快发现和抓住新兴技术带来的机遇。

作为法律人,我们确实需要解放思想,因为我们正处于史无前例的机器能力大发展年代,机器的能力越来越强。

作为力证,我们需要回顾得稍远一些,看看 IBM 的"沃森"(Watson)计算机系统早在 2011 年就取得的成绩。沃森在美国电视直播知识竞赛节目"Jeopardy!"中,击败了这个节目有史以来最优秀的两位人类选手。这是惊人的技术成就,集合了各种人工智能、高级自然语言解读、信息检索、知识处理、语言合成等技术。眼下谷歌能帮我们找出相关联的信息,而沃森则展示了未来基于人工智能的系统将能和我们对话交流,替我们解决问题。然而,当我在英国各种律所会议中发言时,我发现只有不到 1/4 的律所合伙人听说过沃森。

机器学习领域展现出的进步甚至可说比沃森更惊人。我津津乐道的例子是 AlphaGo,这是由谷歌旗下 DeepMind 公司设计的系统,会下围棋。围棋中的变化比宇宙中所有的原子总数还多,因此人工智能专家长期以来都怀疑任何机器系统能在一定时期之内打败人类专业棋手。然而2016年初，AlphaGo就以4:1的比分碾压了世界顶级的人类围棋手。该系统利用了"深度神经网络"，综合采用了"监督下学习"（supervised learning，基于人类棋手以往的对弈记录）和"增强学习"（reinforcement learning，基于数百万次的自我对弈，并基于这些比赛来改进）。AlphaGo比赛中下出的一手妙棋被人类对手称为"神之一手"。让有些人不安的是，这个系统展现出了一些放在人身上我们会称之为"有创造力"或"创新"的素质。毫无疑问，AlphaGo下出的很多棋局和招数超出了系统设计者的设想。对于法律技术来说最激动人心的一点是，我们也可以借助增强学习（机器学习领域的关键部门之一）来开发法律领域的系统。这个题目可以写一篇很好的博士论文。

我也应该再解释一下这些具有突破意义的系统有可能如何投入使用——许多新兴应用并不仅仅是将现有、低效的人工处理过程计算机化和流程化。不仅仅是自动化，很多系统还有创新力，或者说，这些系统能让我们处理过去无法完成的任务（甚至无法想象的任务）。对律师们来说，谈到技术和互联网时，面临的挑战并不仅仅是把现有的工作方式自动化。挑战更在于创新,以过去做不到的方式来从事法律业务。

不过与此同时,很多创新技术是有颠覆性的,意味着这些技术不支持或兼容传统的工作方式。相反,他们将彻底挑战和改变传统习惯。对法律行业也是如此。这些无处不在、急速增长的创新技术会颠覆和改造律师和法院的运作方式。

很多由技术带来的改变,尤其是社交网络,对法律行业中的年轻人来说应该十分熟悉,因为他们完全是互联网上成长起来的一代(我指那些无法想象没有互联网的世界是什么样子的人)。不过有趣的是,很多年轻律师在社交中使用技术,但是他们却没能把技术应用和发挥到工作中去。普通年轻律师中涉猎人工智能和机器学习就更不够了。这不是好兆头。

简言之,我认为事多钱少的挑战、准入放宽和技术会给律师工作带来史无前例的巨大变革。这是一场翻天覆地的革命。准入放宽和技术能帮助实现变革,而事多钱少这个由严苛市场条款导致的决定因素,则一直是也将会是塑造法律行业的主导力量。

2
制胜的策略

变革的三重驱动力带给法律市场过去不曾遭遇的机遇和挑战,促使全世界的律所管理层开始反思。随着客户成本压力增加,商业环境剧变,各地精明的律所都开始尝试对新的市场形势作出有力回应。律所们正投入大量时间和精力来思考他们未来数年至更长远的制胜之道。

减少收费

有人可能觉得解决事多钱少难题的最好办法是让律所降低收费。这个行业的利润与收入在 2007 年之前的 20 年始终保持增长,建议他们减少收费恐怕很难受到热情欢迎。尽管如此,律所还是愿意作出姿态,不少律所开始向客户提出"替代性费用安排"(Alternative Fee Arrangements,有时称作 AFA)。

所谓被"替代"的模式,律师们指"小时费率"。自从20世纪70年代中期起,按时间计费就已是法律服务收费的主导方式了。事实上,按时间计费不仅仅是法律工作计价和收费的方式,还是一种思维模式和生活方式。律师按时间收费——按投入而不是按产出。直到不久前,大多数客户似乎还能坦然接受。

按时间计费模式的缺陷,用我女儿的一个小故事就可以展示出来。我女儿12岁时,她让我安排一些暑假零工。我有一些后勤的事情需要处理,她答应替我办。她问我打算给她多少钱,我随口说会按每小时几块钱来算。她想了几秒钟,笑了,然后说:"好吧,那我慢慢来。"如果12岁的小孩都能看穿按时间计费的漏洞,那我很好奇那些大跨国公司会看不到问题所在吗?按时间计费制度是对效率的反向激励,奖励那些完成任务花时间更多的律师,也就是说惩罚了高效办事的律师。很多时候,律所花费的时间和带来的价值没什么关系。一名初级律师在一件事上花费50小时带来的价值,有时候还比不上一位资深律师半个小时的活儿(这就是经验的价值所在)。

然而,大量大型商业律所的主导文化,却仍然是让律师们尽可能多产出计费时间。这种做法背后是专业服务机构的一种商业模式,已占据主导地位几十年。其理论和实践的理想状态是金字塔形结构,顶端是律所的分红合伙人(所有人);底部是初级律师,他们的血汗给律所带来的收入远超他们的工资。在这个模式之下,金字塔的底部越宽,律所就能挣钱。例如,在很多美国律所里,律师每年的目标是完成大约2500计费小时,从而确保律所的盈利能力。但客户也逐渐看破了这一点。

顺便对费率和收入多说一句。在一些大型商业律所里,合伙人的小时费率超过每小时900英镑,而其助理律师费率只有一半,这就给合伙人带去巨额收益。世界上大约有70多家律所,他们的很多合伙人每年的收入超过100万英镑,有些还要高得多。很多合伙人承认,当他们进入法律行业的时候做梦也想不到能挣这么多钱,当初也不是为了要多挣钱才选择干法律这行的。相比之下,如今很多优秀的毕业生进入法律行业恰恰是因为其"钱途光明"。他们可能要失望了。尽管少数国际大所或许还能继续挣大钱,但很多律所的黄金时代很可能已经过去了。事多钱少的难题会逐步压低律所的营利能力。

不难理解,前文所述的那种收入水平让律师们在媒体和公众中被描述成"土豪"。但是,世界上绝大多数律师挣得远没那么多。多数主要国家里,大约30%到40%的律所只有一位律师单独执业,大约75%的律所里合伙人数不超过4人。[19]这些律所的利润要低得多,大致与资深公务员相当,根本不能与银行家的收入相提并论。

替代性费用安排

回到收费这个难题上来。如前所述,很多律所最近开始寻求提供不基于时间的收费方式,以满足客户对降低收费的需求。不少律所已经采用固定数额或最高限额(预先设定费用上限)来收取法律服务费用。另一些律所更激进,提出更加反常规的方式,例如"按价值收费",即用各种方式来计算其服务带来的价值并收费,不考虑花费的时间;或者,按为客户节省下的时间和成本收费,而不论花费的时间。

这些收费方式大多是被企业法务律师逼出来的。面临成本压力,企业法务部会邀请律所就计费方式提出"新型"或"创新"的建议。这种要求常常是公司组建所谓"律所池"过程的一部分。简而言之,一个池就是一组公司优先选用的律所。遴选过程相当正式,需要提交复杂文件[称作"RFP"(招标书)或"ITT"(招标函)]。在此过程中,越来越多的专业采购人员加入公司法务律师,或者干脆由专业采购人员取而代之,因为采购人员压低外部供应商价格的经验更丰富。

细说起来,律师池和采购部门参与的模式有利有弊,但主要问题是竞争激烈的招投标过程似乎并未达到客户想要的降价效果。替代性费用安排看起来没能给客户省下很多钱,这至少有两个原因。第一,大多数替代性费用安排还是按小时计费思维模式的延续——例如,当计算固定数额时,很多律所的起点就是他们以传统小时费率计算应收取的数额。因此,固定数额常常仅是按时间计费的小幅变动而已。第二点更重要。当提出替代性费用安排时,很少有律所愿意降低营利能力。所以,如果他们不愿意改变他们的工作方式(他们极少改变),那无非是把原来过高的费用重新包装成所谓的替代性费用安排而已。根据我收到的反馈和研究,竞争性招投标过程及其达成的替代性费用安排能把客户法律服务的总成本降低10%左右。无论是大型组织还是消费者,客户们面对的严酷现实是要把法律预算砍掉一半。如此看来,替代性计费方式尚不足以解决事多钱少的难题。因此,我们有必要从不同的计费方式转向不同的工作方式。

两条制胜策略

在我看来,只有两条可行的策略能帮助法律行业应对事多钱少的难题。我将其称作效率策略和协作策略。简而言之,效率策略要求我们寻求削减法律服务成本的方法,而协作策略指客户可以分担某些法律服务的成本。效率策略可能在未来数年就见效,而协作策略长远看会占支配地位。

很多律所高层听我谈及效率策略,都同意法律服务成本应该要降下去。然后他们就开始讨论如何削减开支,比如降低技术、营销、人力资源等辅助部门的支出。这类措施可能让机构规模更精简,但我所谈的效率策略、降低成本并非指这些措施。我认为律师本身的成本已经太高了。大多数客户告诉我,他们并不介意为资深律师支付高额费率,但是其他一些情况下会让他们不满或反感,例如为入行不久的律师支付高额费率,而这位律师从事的工作在客户看来只是例行公事或重复劳动。这才是问题的关键所在。

我所访问过或咨询过的任何一家律所,都由大量年轻律师承担事务性或流程化的工作。这类工作更多是按流程办事,不太需要判断力、战略眼光和创造力,例如诉讼中的文件审阅、竞职调查、基本合同起草、初步法律研究等。这类工作中蕴含变革的重大机遇:分辨出可以流程化并更高效处理的工作,然后交给资历较浅、成本更低的人来完成,或者交给电脑。这就自然引出了法律工作"大宗商品化"的概念(参见第3章),以及法律工作的"分解"和"多头处理"(第4章)。这并非不着边际的理论臆想,与我交流过的多数法务律师和律所领导层如今对此都高度关注。

至于协作策略,就更激进一些。很多律师第一次听到这一策略会觉得难以置信。如前所述,该策略的理念是客户共同分担某些法律工作的成本,以此来应对事多钱少的难题。这一策略既可以和效率策略共同实施,也可以取代效率策略单独实施。一个显著的例子是我已向很多银行力荐协作策略,以适用于银行的合规工作。大型银行每年为合规花费数亿英镑。其中很多金融机构在远超过一百个国家开设业务,每个国家都有不同的法律法规,每个国家都要求银行在运营中遵守该国的相应规则,并向监管部门按时提交各种文书和表格。合规专家所面对的任务众多,要时刻跟进新法规的颁布和旧法规的修改,指导成百上千的人做具体的工作,理解当地监管者的做法和偏好,引入标准化流程来准备和提交文件等。

我多年来一直有一条很直接的建议,就是各家银行可以分担有共性的合规工作的成本。当然,如果一些合规工作涉及各自的敏感、保密、市场竞争信息,那分担就不合适了,但还有大量合规工作是事务性的,且不涉竞争。银行界内此类重复劳动的总量巨大,不必要地推高了总成本。因此,我建议银行共同设立服务机构,不妨叫做"共享服务中心",帮助银行承担某些合规活动,并大大降低成本。有些银行现在已经会共同订购法律服务了,比我的建议还要更近一步。对于目前那些单独依次对每家银行提供合规咨询服务并从中获得收益的律所,我推荐的这种"合规流程外包"将会是巨大的市场变化。律所不能够再对不同的客户循环利用之前的工作。客户作为一个整体会与少数几家专项律所协同工作。能参与进去的一两家律所,我预期会从支持银行团体的业务中收获巨大的商业成功。

客户还可以通过协作来开发系统。一个稍早的案例是叫作"规则定位器"(Rulefinder)的在线法律风险管理工具,由我的客户国际大律所安理(Allen & Overy)开发,服务范围是国际持股披露方面的规则与实践。国际持股披露这个领域很复杂,变化频繁,并影响到所有大型金融机构。作为高度创新的范例,这套系统的开发之初就有6家顶级银行走到一起,与安理协作,分担了建构该系统的成本。

不过协作策略并不仅仅针对大型金融机构。例如,英国政府机关的内部法务部门也聚到一起,用类似的方式来分摊共同法律工作的成本。这种办事哲学也可以延伸到小型企业和个人——新型法律服务机构无疑会萌生,并服务一个法律用户群体,而不仅仅是单独的个人或企业。

我对协作策略的最初探讨体现在我2008年所著的《律师的终结?》(*The End of Lawyers?*)一书中。我对协作的建议得到了企业法务律师的原则认同,但也遭到一线律所的怀疑。而我最近到访美国、加拿大、德国和荷兰时,已经听到法务总监们热情探讨可以如何协作,如何尝试把社交网络系统用于法务支持工作。虽然动静不大,但企业间的协作运动正在一步一个脚印地前进。

3
法律工作的大宗商品化

有一个拗口的术语,对我们提到的新型工作方式以及上章介绍的效率策略和协作策略至关重要,即"大宗商品化"(commoditization)。这个概念在法律业界有点泛滥了,大家随意使用却没有精确定义,从而对厘清问题无甚帮助。很多律师提到"大宗商品化",多半语带鄙夷——"法律工作的大宗商品化",听起来就好像落了下乘,仿佛律师从中就挣不到钱了。问题的关窍在于,曾经需要手工打造的活儿,现在可以迅速流程化处理,几乎不需要律师介入。相比之下,从客户的角度出发,这种流程化转型最终是件好事,因为费用大大降低了。

错误的两分法

法律工作的大宗商品化(就先笼统地这么叫)区别于我

所称的"量身定制"的法律服务。我用"量身定制"这个词多年,后来才发现这个词在英格兰以外有时需要解释一下。以做衣服为例。"量身定制"的西装指定做的、量体裁剪的、严格按客人体型体态制作的衣服,由手工制作、手工裁剪,为具体某个人所特制。类比而言,我相信很多律师认为法律工作就是高度量身定制的。客户们遇到的情形是独特的,针对个案手工打磨一套解决方案。这是很多法学院学生被传授的解决法律问题的方法,仿佛他们面对的任何问题都是如此独特,都值得最高法院费心处理。文学和戏剧中所描绘的法律服务模式也是如此,律师们总在孜孜不倦地寻找解决个案的确凿证据和法律漏洞。

我认为,把量身定制理解成法律服务的本质特征,这种假象太过于浪漫化,于事无益。我承认,确实有些法律问题需要运用敏锐的法律头脑,手工定制解决方法。律师们让客户们相信他们的法律问题都需要量身定制,但我认为真正需要量身定制的法律工作远没那么多。而且,很多时候采用量身定制的家庭手工业方法,根本就是无视当今大批量生产和大规模定制技术,况且后者提供的服务更便宜、更优质。

另一个常见误解,是把量身定制和广义上大宗商品化之间的区别过于简单化了。这种简单两分法使得不少律师认为这是非此即彼的两种选择,如果要避免不挣钱的商品化工作,就必须只干量身定制的活儿。

法律服务的演进

我认为那种把量身定制和大宗商品化的法律服务对立起来的两分法是错误的。事实上,法律服务的演进可以划分为四阶段,我分别称作量身定制(bespoke)、标准化(standardized)、系统化(systematized)和外部化(externalized),如图3.1所示。(本书第一版的读者会发现我改变了初版中的五阶段模型。修改后的模型能更好地反映我们实际看到的法律技术的进展,希望新模型也能更有效地解释大宗商品化的概念。)

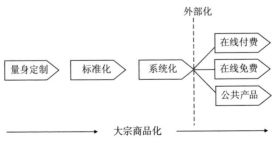

图3.1　法律服务的演进

实际生活中,优秀的实务工作者并不总是用量身定制的方法来处理工作。当然,肯定会有一些疑难杂症需要个案处理。然而绝大多数时候,律师们被要求解决的问题与他们过去处理过的问题高度近似。确实,客户选择某位律师或某个律所而非其他人的原因之一,就是相信该律师或律所曾经从事过类似的工作。如果每一项交给律所的工作都需要从一张白纸开始,会吓坏很多客户(尤其律所还按小时来收费的话)。相反,客户预期律所的工作能实现某种程度上的标准化。

以劳动合同为例。如果采取量身定制的方法,每份劳动合同都要从一张白纸开始起草。但是,除非该劳动关系极其特殊,客户会预期两种形式的标准化。第一,他们会期望律师采用某种标准流程(要点清单或流程手册)。第二,他们会预期律师会从模板或先例开始着手。多数知名大律所都广泛采用了这类流程和实质上的标准化。客户们并无意于付钱重起炉灶。

但是法律服务的演进并不止于标准化。随着技术的发展,可以再迈进一步,即系统化。要点清单和流程手册可以被计算机化,发展为所谓的"工作流程系统"。这类系统目前常用于保险行业,将总量大但个案价值较低的工作和活动自动化。如果某种法律工作涉及很多工作、活动、人力,而且过程可以被流程化,那自动化之后能极大提高效率。系统化也还能拓展到文件起草。还是以劳动合同为例,自动化文本组装技术首先要求用户在屏幕上回答一系列问题(例如,雇员姓名、雇佣起始时间、薪酬等),完成在线表格之后,一份像样的初稿就会被拼装好。这背后的技术早在20世纪80年代就存在了——这是一种基于规则的决策树,对具体问题的答案决定一段话、一句话或一个词根据情况被插入或删除。自动化的文件组合或生成还有额外的好处,回答问题的用户并不一定要是法律专家甚至律师。

我知道有家律所在内部对文件起草工作进行了系统化,声称这个系统的效率是将该所区别于其他市场竞争者的关键。不过,一个懂行的客户敏锐地问道:如果起草劳动合同至少对大多数雇员而言无非是填在线表格而已,那为什么这不能直接由客户组织内部的人力资源部门来完成呢?这种想法很自然引出了法律服务的"外部化"。这是指律师先将其经验打包好,并通过在线方式提供给客户。这是调用律师专业技能的全新方式。律师将其技能外部化时可以采用不同的权属和收费方式。这类服务既可以付费提供(商业律所偏好这种方式),有时也可以免费(政府机关和公益组织倾向于这样),另外偶尔也会看到作为公共产品提供(这种方式越来越多了,理念上和维基百科、软件开源运动一致)。

如今我认为这种大转型——从量身定制服务转变成外部化产品——可以总结为法律服务的"大宗商品化"。有时候,有些律师会用"大宗商品化"来指代我称之为"标准化"的东西,而另一些人则把"大宗商品化"等同于免费的外部化。然而,即使律所和其他服务商对其在线法律服务收费,对客户而言,这仍然意味着服务费用大幅降低;对律所而言,这给他们提供了睡大觉都能挣钱的机会——这是对按时间计费模式的彻底抛弃,因为律师专业知识得到利用,但利用方式与直接消耗他们的时间无关。

我为德勤的税务业务提供咨询服务多年。2000年以来,他们的税务合规业务(帮助客户准备和提交公司税务申报表)大体上就经历了类似的演进道路。起初,这是手工处理的活动,但是他们慢慢沿演进路线图移动,在英国,他们提炼了大约250位税务专家的集体智慧,将之汇成一个客户能直接使用的系统。用这种方式将他们的税务知识外部化并销售营利,他们彻底地变革了商业模式。他们创造了旨在降低客户成本的服务。由于用户众多,这个系统挣的钱比以前量身定制的服务挣钱更多。有意思的是,他们在2009年把这项服务卖给了汤森路透(Thomson Reuters)。

从客户角度出发,支持沿我的演进路线从左向右移动的观点是压倒性的——虽然我们从左向右移动,法律服务的成本下降,价格变得更可控,完成工作的时间减少,而质量却上升。(这对某些人来说可能是令人吃惊的——很多专业人士的集体智慧总要超过即使是最优秀的量身定制服务。)

很多律师对于我所说的把法律服务通过网络外部化的想法不屑一顾。他们说他们上法学院不是为了打包销售他们的法律知识,他们也不是出版社,更不是软件工程师。我对此的理解全然不同。我觉得如果我们能发现新的、更便宜的、更便捷、更易获取的方式来提供法律服务,那么我们应该改变工作方式并采用新技术。我们的关注焦点应该是帮助客户应对事多钱少的严峻挑战,而不是顽固坚守过时、低效的做法。

然而无可否认的是,我所推崇的模式预示着有些法律资源会在互联网上免费提供,甚至出现任何人都既可以做贡献也能获取帮助的共享资源,哪怕这是有些律师不愿见到的。我承认律师从这类法律服务的大宗商品化中并不能获得经济利益,但是我强烈主张此类法律服务外部化极为重要,能极大帮助目前无力支付法律服务的人们更好获得法律下的公平正义。

4

不同的工作方式

上章讨论法律服务的演进,我必须要澄清一点。我并不是说任何一项法律工作——比如一项交易或纠纷——都必须属于我列出的六类演进形式之一。我所指比这要更微妙一些,也就是说,对任何一项交易或纠纷而言,无论其大小,都可以将其再细分或"分解"成更小的组成部分。对每一任务单元,而不是整个法律项目,都可以问:完成这项工作最高效的方式是什么?这个任务单元应当属于六类中的哪一类?

如果本书的第一个要点是法律市场面临事多钱少的挑战,那第二个要点就是法律工作可用各种新方式分解和处理。

分解

一个法律项目,例如交易或纠纷,在我看来并非铁板一块,只能用一种方式来分配和完成。相反,我们可以把工作分解(也有人称作"拆解"或"解绑")为不同的任务并逐项以尽可能高效的方式完成。我绝不是说要牺牲质量,而是应当用不同方式来完成不同的法律任务,其产出的质量与传统法律服务一致(有时甚至更高),但成本则要低得多。

当我在会议上谈到分解法律工作时,会后经常会有律师来交流,他通常会很客气地说觉得我的发言很好,也赞同法律业界确实需要剧变。他也会同意"大宗商品化"和"分解"适用于法律业务的每个领域,只有一个例外。然后,这位律师就会告诉我为什么我所讲的不同工作方式不适用于他所在的领域。诉讼律师们尤其坚持己见,认为每一项纠纷都是独特的,不存在分解和分包的空间。这也反映了我 20 世纪 90 年代时的经验,当时我在一家叫梅森(现在叫品诚梅森,Pinsent Mason)的顶级诉讼律所工作了多年。确实,那时纠纷解决工作并不会被分解,对于我们律所专攻的建筑和技术纠纷来说,通常一个案件的方方面面都会一块儿交给律所。然而自那以后,我意识到并不是我们和其他律所从事的全部工作都是最适合由律所来完成的。所以,为了说服尚持怀疑态度的人,我认为诉讼行为可以区分为九项任务,如表 4.1 所示。这未必是分解诉讼的唯一方式,但我希望能展示出我的思路。

表 4.1 诉讼,已分解

文件审阅
法律研究
项目管理
诉讼支持
(电子)证据开示
策略
战术
谈判
法庭辩论

过去 10 年间,我向世界上顶级律所里的诉讼律师提出这个问题:这九项任务中,有哪一项是只有你能做的?在英国,对这个问题的答案一律只有"两项"(策略和战术),而在美国,答案基本上是"三项"(策略、战术、法庭辩论)。对这两三项任务,客户依然会想要经验丰富的律师的直接建议和指引。但是,我越来越多从企业法务总监那里听到,其他供应商现在可以处理其余的任务,成本更低,却比传统律所质量更高。

以文件审阅为例。过去,律所让小时费率很高的初级律师来处理大量文件(有时甚至达到数百万份),经常只是整理归档并按法律进行基本分类。就算先不考虑技术解决方案，人工文件审阅也可以外包给第三方专业供应商，在低成本国家（如印度）完成，以大约1/7的成本就获得了更高的质量。

另一个例子是项目管理。很多诉讼律师向我透露他们不再是律师了；他们现在是项目管理人。我有时会问他们在项目管理方面有多少训练，他们说三年前上过两天的课，这么说时居然面不改色。我会反过来开玩笑说，如果一个项目管理人上过三天法律培训课，就宣称自己是律师了，那他一定不会被录用，因为大错特错。项目管理本身就是一门精深的学科，有自身的技术、方法、系统、学位课程。我考察过会计师事务所、咨询公司、建筑公司，他们的项目管理都相当精密复杂。另外，律所的项目管理看起来还停留在买几个文件夹、贴几张标签纸的水平。如果我们觉得能用一个周末掌握一门和法律平行的学科，这是我们律师集体的狂妄自大。我们不可能做到。客户现在知道从其他的供应商而非律所才能找到最好的项目管理人。我坚定地认为项目管理对于未来大型纠纷（和交易项目）的成功进行至关重要。但如果律师们没有在这个学科获得充分训练，其他职业和行业的竞争者就会取而代之。

我可以对诉讼中的其他任务作类似分析,结论是那些任务也并不是只能由律所来完成。很多任务是例行工作,具有重复性和事务性,现在可以以不同方式分包出去。同样,我们也可以用类似方法分解交易工作,如表 4.2 所示。(分解方式依然不是绝对的,仅为展示我所指的方法。)

表 4.2 交易,已分解

> 尽职调查
> 法律研究
> 交易管理
> 模板选择
> 谈判
> 针对性起草
> 文件管理
> 法律意见
> 风险评估

替代性处理方式和多头处理

当我说改变定价不够,律师必须要改变工作方式时,我是指要用各种替代性方法把法律工作外包出去。过去,当客户遇到一项法律工作时,只有两个选择:自己内部处理,或者交给外部律所(或者介于两者之间)。法律世界已转变,出现了各种的替代性法律服务提供商。我找出了 16 种法律工作的处理方式,如表4.3所示。在这本小册子里我只能简单介绍,无法展开。

表4.3 法律服务处理方式

内部处理
非律师化
异地
离岸
外包
转包
共同处理
近岸
租赁
在家处理
开源
众包
计算机化
单包
知识管理处理
不处理

"内部处理"(in-sourcing)指法律人自己运用律所内部资源来完成法律工作。例如,一家企业的法务部可以决定内部处理全部谈判和草拟工作,没有任何外部意见和协助。

"非律师化"(de-lawyering)念起来有点拗口,指让非律师完成一项法律工作。很多工作并不必然要执业律师的专长和费用,可以由行业内其他具备相应技术和知识的人来做。

"异地"(relocating)指一个组织把某些法律工作转移到成本更低的地方,但转移的范围依然在其主营业务所在国家之内。比较早的例子如总部在美国的国际律所奥睿(Orrick),这家律所在美国西弗吉尼亚州(West Virginia)惠灵市(Wheeling)设立了全球运营中心。

"离岸"(off-shoring)指把法律工作转移到劳动和土地成本更低的国家。很多大银行已经用这种方式把一些职能部门(如电话服务中心和财务部门)转移了,比如转到印度和马来西亚,他们也已经离岸处理某些法律活动。在这种模式之下,离岸处理的法律职能仍然属于银行的一部分。

相比之下,"外包"(outsourcing)要求第三方供应商来完成法律工作。这常被称为"法律流程外包"("legal process outsourcing"或"LPO")。如文件审阅之类的例行法律工作由专业辅助公司来完成,这些公司通常在低成本的地方。

"转包"(subcontracting)是可供律所选用的方式。如此,法律工作会被转交给其他律所,这些所通常规模更小,运营成本更低。采用这种方式,一些伦敦大所把工作转包给具备英国律师资格的其他律师,这些律师在南非和新西兰工作。另一些大所在英国国内与低成本本地律所合作。转包有时候能把法律工作的成本砍去一半。

"共同处理"(co-sourcing)指一些机构协同提供某些法律服务,常常通过共享服务机构。如第 2 章所述,这种方式的力证有英格兰政府机关法律部门的合作,以及多家银行利用共享机构处理合规工作的方案。

"近岸"(near-shoring)跟离岸类似,只不过完成工作的地方是邻近的低成本地区,就在分配法律工作的律所或法务部分的周边时区。安理与史密夫(Herbert Smith Freehills)是两家国际律所,都在北爱尔兰的贝尔法斯特设立了近岸处理例行法律工作的机构。

"租赁"(leasing)指短期雇佣律师,常常仅限于完成某一项目。这些律师不隶属于传统律所。相反,中介机构会提供律师名单,并管理人员配置。法律服务租赁中介商的范例有"公理"(Axiom)。创始于 2000 年,这家企业增长迅速,大多把律师租给企业客户,常常能帮他们满足高峰期需求。这种服务对精简过的公司法务部门尤其管用,因为他们时不时需要增加一下人手,而从公理租的律师比传统律所要便宜一半。值得注意的是,有几家英国律所也设立了类似的租赁机构——博问(Berwin Leighton Paisner)2008 年设立的"按需律师"（Lawyers on Demand）服务、品诚梅森2011年设立的Vario服务和安理2013年设立的Peerpoint服务。

"在家处理"（home-sourcing）适用于当时不受雇于主流法律机构的法律人才，但他们经常可以在家从事非全职工作。很大程度上得益于日新月异的通讯技术，在家工作的律师（无论作为正式雇员或合同工）都能够接入并使用相应律所和法务部门的网络。对于既想工作，又需要在家看孩子的家长来说，在家处理的工作方式非常不错。

"开源"（open-sourcing）指通过公开网站免费提供各种法律材料（标准文本、指南、程序、意见、案例研究、实务经验等）。用维基（wiki，一种任何用户均可增订的在线资源）来组织法律开源项目可能是最高效的。

"众包"（crowd-sourcing）指利用一大群人的集体才能，他们提供个人时间来处理某类法律任务。例如，一种方式是把法律问题散布给一大群不特定的志愿者。这些志愿者——即"众包"之"众"——提出他们相应的法律解决方法。在律所，律师经常在同事办公室间串来串去，问他们正处理的某个问题："有没有人之前遇到过这种情况？"以后，律师和客户能够向一大群互联网用户问类似的问题。人们在网络上提问求助并由律师回答将会变得很常见,甚至过去遇到类似问题的其他用户也可以把法律意见分享出来。

"计算机化"(computerizing)这个词本身听起来已经有点过时了,但确是另一大类处理方式。我认为计算机化具体包括两小类:系统化和外部化,如第3章所介绍。总体上,计算机化指运用技术来支持和取代部分法律任务、流程、活动、服务。

"单包"(solo-sourcing)指雇佣法律专家个人,例如聘用法学教授和出庭律师(barrister)[1]来从事具体、已分解好的法律工作。这方面的例子有学者的研究成果和御用律师(Queen's Counsel,简称QC)[2]撰写的法律意见。

"知识管理处理"(KM-sourcing)指利用各种知识管理(knowledge management,简称KM)的技术来重新使用从日常实务中沉淀保存下来供未来复用的内容、诀窍、资料、主意等。客户往往期望律师能利用以往类似情况中已经证实有

---

[1] 此处专指英国及其他部分普通法国家地区的出庭律师。

[2] 此处"御用律师"为英国及部分英联邦国家授予资深出庭律师的荣誉头衔,并非指专为英国君主服务的律师。

用的材料。

"不处理"(no-sourcing)是最后一类,指放弃一项法律工作,这需要充分了解情况,认定该任务的风险不值得任何形式的处理。例如,企业法务律师经常会初步考察法律工作的某些部分,然后认定为该项工作投入时间和金钱划不来。如果某项工作已经按本章前述的方法分解好,那认定某些工作是否值得做就更容易。

独立使用这16种技术的任何一种,都是处理法律任务的强大替代性方式。尽管如此,孤立地观察这些技术依然不够。按我的思路,未来普遍会把任何实质性法律工作分解成可管理的小任务,为每项任务选择最高效的处理方式,合在一起会采用好几项替代性的方法。这就是"多头处理"。因此,对任何交易或纠纷而言,最后的成品都会结合几项或者更多处理方法的成果。为实现该目标,我们在提供法律服务时应该运用生产线或工业生产的思维方式和方法。例如,运用"准时制"(just-in-time)物流[1]和国际供应链技术(由科

---

[1] "准时制"物流指当生产线需要某种原料之前准时把原料送到,从而避免库存堆积。

技支持)。采用这种模式,某一组织——律所或某种新型法律服务组织——很可能会负责把多头处理完毕的服务送达给客户(好比建筑工程项目中的总承包商)。

我强调,我并非鼓吹某种法律服务的大批量生产模式。我承认客户们的具体情况每每不同,但我不同意法律项目中从头至尾都必须法律工作者参与,即使最后成品需要量身定制。我认为多头处理和运用技术会导向大规模定制——采用标准流程和系统来满足客户的具体需求,同时具备与大批量生产类似的效率水平。第 3 章所述的文件组装技术就是个好例子。我描述的这类撰拟系统并不仅仅生成单一标准文档。相反,基于某一用户对其情况的具体问答,他拿到的文件仅是千千万万(常常数以千百万计)的排列组合之一。最终成品是定制后的结果,由高级系统而非人工完成。这就是法律服务的未来。

5

颠覆性的法律技术

始于克莱顿·克里斯滕森(Clayton Christensen)影响深远的著作《创新者的窘境》(*The Innovator's Dilemma*)一书,管理学理论通常区分延续性(sustaining)技术和颠覆性(disruptive)技术。广义上说,延续性技术是指支持和改进现有企业和市场运行方式的技术。相较而言,颠覆性技术则会从根本上挑战和改变企业或行业的运作模式。前者例如计算机化的会计系统,该系统支持和改进了以前由人工处理账簿的工作。后者例如数码相机技术。柯达业务基于上一代的技术(化学冲印),众所周知,数码相机技术则颠覆并部分导致了柯达的最终崩溃。

颠覆性技术理论有两个方面值得关注。第一,正如柯达这个例子所示,颠覆性技术能把市场领袖拉下马,致其灭亡。第二,颠覆性技术的早期,市场领袖和消费者经常无视新系统的优越性，认为其不太可能成功。然而，随着消费者逐步接受新技术，他们常常很快就转向基于新技术的服务，而服务提供商认识到新技术的潜力时往往为时已晚。除非他们是新技术的早期采用者，否则他们再也不能收复失地了。

对于专业工作者而言，正如我们在《专业服务的未来》一书中所说，"颠覆"一词应该谨慎使用。专业人士面对本章讨论几类变革可能确实会有颠覆感，这完全可以理解。尽管如此，我们也不应该忽略那些接受法律服务的人们，也就是客户们。很多展望中的变革会给客户带去更优质、更廉价或更便捷的服务。这些变革的受益者们恐怕并不会感到被颠覆。相反，他们甚至可能会感到强大了、解放了。对于这些法律服务的买方来说，颠覆常常是重大利好消息。变革对一群人来说是颠覆，对另一群人可能就是救星了。

说到这里，律师还值得吸取比"颠覆"问题更大的教训：永远不要忽视接受你们服务的人。当你们律师考虑某种创新的时候，多站在你们试图帮助的客户的立场来思考。你们的创新对他们意味着什么？

不过，既然本书主要还是面向服务提供者的，那我们还是说回颠覆这个话题。我的目标之一正是要挑战法律市场的供应方也就是说,我要思索技术可能会如何把律所和其他法律服务商搅得天翻地覆。

具体来说,我认为在法律领域至少存在 13 种颠覆性的新技术,见表 5.1。单独看来,这些现存和初现的系统会挑战和改变某些法律服务的提供方式。加在一起,他们会重塑整个法律市场的格局。下面,我将简要介绍一下表中每一项颠覆性的法律技术。(请注意有些技术类型之间可能有重叠。)

表 5.1　颠覆性法律技术

文档自动化
无间断互联
电子法律集市
电子学习
在线法律指导
法律开源
封闭的法律社区
工作流程和项目管理
嵌入式法律知识
在线纠纷解决
文档分析
机器预测
法律人机问答

文档自动化

如第 3 章所述,这些系统基于用户对问题的回答,就能生成相对成型和定制好的文件初稿。该领域的不少早期探索始于20世纪80年代,致力于开发生成遗嘱的系统。从那时起,相同的技术被用于远为复杂的情形,例如制作大型银行交易的贷款文书。因此文档自动化系统既可以在律所和企业内部使用,也可以在线提供,这些系统对于按时间计费的律师来说是颠覆性的,因为它们能在几分钟内就生成文件,而过去可能要好几个小时来手工处理。

除了大型自动文件组装系统以外,还有一些不那么复杂的在线服务,向用户提供基本的文件模板。"法律邃升"(LegalZoom)是一家美国企业,最早专为无力为法律问题聘请律师或想要花费更低的个人和企业制作法律文件。(这正是颠覆所在。)法律邃升及其竞争对手"火箭律师"(Rocket Lawyer)已经服务了超过数百万客户,他们在美国的名声已超过大多数律师事务所。还有一家总部位于英国的公司(Epoq),也以类似的颠覆性方式向银行和保险公司提供系统和模板,使得他们能向他们自己的客户提供包括文档制作在内的在线服务。

无间断互联

这是指那些能让律师始终不与客户和工作场所彻底断开的系统。这类技术包括手持设备、平板电脑、无线宽带接入、高清视频会议、即时通讯、社交媒体、电子邮件等,它们都随着处理能力和存储容量增长而不断增强。这些技术加在一起,只要设备(无论何种)处于开启状态——现在看来几乎是全时段——那律师的"在线"状态就能更多被其联系人网络看到。反过来,客户们和同事们也会预期能立即找到律师。这对律师们的工作和社交生活也是颠覆性的。头脑清醒的人也能看到人们互联互通状态会变得更多而不是更少,所以无间断互联带来的颠覆性也可能会增强而不是减弱。

电子法律集市

我用"电子法律集市"这个词语来指称在线口碑系统,这类系统允许客户在线分享律师服务表现和水平的评论(和现在宾馆和饭店的客户所做的一样);价格比较系统,允许将不同法律顾问和律所的各自价格和费率简明地在网站上列出;以及在线法律拍卖,概念上和易贝(eBay)并无不同,不过最适合于例行和重复性的法律任务。有些客户并不知道除他们现在的律师之外自己还有什么别的选择,对于得益于客户不懂行情的律师来说,电子法律集市技术各自和整体上都具有高度颠覆性。今天,这些系统(属于某种社交网络)尚在雏形。不用很多年,他们就会变得无处不在,就好像过去20年间那些给律所和律师排名的知名印刷名录一样。

电子学习

支持法律学习和训练的在线设施正取得令人惊叹的进展。正如第15章所述,这些技术会挑战和取代大多数传统的法律大课,还会更广泛地促成传统法学院教学方法的全面反思。其中涉及的技术远不止于在线授课和网络研讨,还会拓展到应用模拟法律实践和虚拟法律学习环境。在学校教育之外,电子学习也会改变律所提供和整合其培训及知识管理职能的方式。我们会看到,教学方法会从"以防万一"(传授诸多科目,只为万一未来实务工作中可能会用到某些科目知识)的课堂训练转向"恰当其时"(借助多媒体互动工具,提供围绕问题的集中专项训练)的学习方式。

在线法律指导

互联网上有各类系统可以提供法律信息、法律指导,甚至法律意见。有些服务可能要付费订阅,也可能不用。有些系统可能服务于低单价、高总量的场景,例如某位学生开发了帮助司机挑战违停罚单的系统(据说在超过 15 万起案件中都成功了)。有一些系统,比如乌干达的"赤脚法律"(Barefoot Law),在多数当地人几乎无法找到律师的国家提供了法律服务。还有一些系统则处理复杂商业工作,例如安理律师事务所的在线法务服务,每年能产生超过 1200 万英镑的订阅收入。

这些技术对传统律师的威胁和颠覆是显而易见的:如果客户可以在线获取法律指导和法律文件,那在线服务就成了某些律师的低成本竞争者,这些律师的生计就来自于提供传统、顾问式、面对面的咨询服务。用第 3 章的术语来说,如果稳健可靠的法律服务被大宗商品化,并无偿提供给用户,那就很难想象——至少在某些情况下——为什么客户还会付大钱给传统咨询师。

法律开源

大体上和开源运动一致,我设想法律领域也会有可持续的大规模在线协作——法律开源运动会致力于建构大量公开和面向社区的法律材料,例如标准文件、备查清单、流程图。这也是大宗商品化(见第 3 章)的形式之一。法律开源对律师也是颠覆性的,同样因为作为律师收费服务一部分的法律内容现在被免费提供了。这种现象的早期例子是康奈尔大学法学院的法律信息研究所(Legal Information Institute)。从 1992 年开始,他们开始免费在线公布法律,并编订材料来帮助人们理解法律问题。他们有时候被称作公共法律信息的重要"非商业化法律"提供者。在健康领域,"同病相怜"网站(www.patientslikeme.com)拥有超过 40 万用户,有力地显示了专业服务的接受者们可以如何有效分享见解和经验。类比一下,我们应该也可以期待一些叫做"同案相怜"(www.legalclientslikeme.com,注意这个域名暂时还没人注册呢)之类网站很快冒出来。

封闭的法律社区

这是指志趣相投的律师聚到一起,在私密社交网络上协作而组成的非公开的群体。其兼有领英(LinkedIn)和维基百科(Wikipedia)的特点,用户们可以构建集体知识和经验,但仅供社区内律师所用。类似的概念在医学界已经取得了重大成功:"研判"(SERMO),一个医生(没有患者或医药公司)的在线社区,已在30多个国家拥有超过60多万用户("经过核实和查验资质的医生")。类似现象在法律界最好的例子是"法律上匝道"(Legal OnRamp)的最初版本,其被描述为企业法务律师的协作系统。也有外部律师和服务提供商参与的版本。网站启动之后,已有来自超过40个国家的律师加入其中,他们既参与公开总社区,也参与另行设立的私密分社区。"法律上匝道"的初版并没有像"研判"么顺风顺水,不过"法律上匝道"后来被一家新型服务提供商 Elevate 收购了,后续发展值得观察。

在实现第2章所述的协作策略时,企业法务律师对封闭社区极为感兴趣——这既是一个平台,供他们分担某些法律服务的成本,也是一个工具,鼓励和实现他们与首选律所间的更紧密协作。对于固守单独服务客户想法不变的律所,这些社区构成了重大威胁。

工作流程和项目管理

对于大量且重复性的法律工作,工作流程系统也和自动备查清单一样自始至终地推动一个标准流程。另外,项目管理系统更适合那些更为复杂却不那么结构化的法律任务和活动。很多律所和企业法务部将每项这种任务都单独处置,但其实可以进行更标准化的处理。对于按时间计费的律所来说,他们长期受益于低效的案件管理和粗放的交易管理,那么工作流程和项目管理系统代表着新的效率,以及降低费用的结果。

嵌入式法律知识

未来,在社交和工作的很多方面,我预言法律规则都会深深嵌入各类系统和程序。比如一辆车会提示其驾驶员和乘客,除非先通过车辆自带的吹气酒精测试,车辆不会点火启动。这个嵌入系统不要求车辆使用者必须知道法律的具体细节才能遵守法律,而是禁止酒驾的法律规则已经嵌入车辆本身。另一个例子是能依照健康和安全法规来监控温度和其他环境条件的"智能"建筑。一旦超过某些限定值,警报就会响起,或者在紧急情况下,电脑屏幕会被自动锁定。同样,这不会要求人们了解相关法律才能守法,而是法规已经被嵌入建筑本身。而建筑会看起来仿佛知道自己的安全水平,并作出相应判断。这里的颠覆性是,一旦规则被嵌入,就不需要律师来提醒客户涉及法律问题的情况了。同样,或许借助于当下大热的区块链技术,智能合约将能够自我启动并自动执行流程和条款,无需律师介入。

在线纠纷解决(ODR)

如果解决一宗法律纠纷的过程,尤其是解决方法的形成过程,完全或大体通过互联网完成,这就是某种形式的在线纠纷解决(用术语来说就是ODR——参见第11章的详解和实例)。对于那些工作基于传统法院诉讼过程的律师来说,无论是何种形式的在线纠纷解决,如网络法院、电子谈判、电子调解等,都会是对他们核心业务的挑战。

文档分析

律师们花大量时间对付文档,尤其是准备诉讼的时候。不过近些年来,调试得当的系统在审阅和提取海量文档方面的准确性和系统性都已经超过了初级律师。

最近,借助于外部学科诸如机器学习、大数据和分析论,法律行业内也已经采用了一系列新技术。尽管某些机器学习中最激动人心的领域(比如撰写程序的计算机、深度神经网络和强化学习算法)尚未应用于法律实务,但显然这些新兴系统已展示出越来越强大的能力,无论是分析批量文档,还是概括或提取合同关键条款。

这些检索和机器学习能力,无论是对于靠雇佣人工来处理堆积如山的文件(无论是关于交易、纠纷相关项目或合同审核)并从中赚钱的律所,还是对于提供类似服务的法律过程外包商来说,都是颠覆性的。无论人力成本能有多低,这类自动化系统一旦建立起来,成本总能更低。正因如此,那些率先投入本领域的法律创新企业,如 Kira 和 RAVN,总是能在法律行业内引起重大关注。

机器预测

机器学习技术的另一重大应用领域是预测。在海量数据中挖掘出内在模式和相关性的技术发展得日益精密复杂。在法律领域,正如丹尼尔·卡兹(Daniel Katz)对于美国最高法院的研究成果所展示,计算统计学(粗略来说就是处理海量数据的算法)对法院可能行为的预测比从事传统法律研究和推理的律师的预测更加正确。请记住伟大的奥利弗·温德尔·霍姆斯(Oliver Wendell Holmes)法官的名言:"我讲的法律,无非就是预测法院实际会怎么判,没什么更加矫揉造作的东西。"

很多法律工作涉及预测可能性,不管是案件胜诉或和解谈判,还是交易的放弃或完成。存储在律所系统中的数据,加上公开可获取的数据,无疑可以构成未来对这些问题的预测基础。不止于此,通过汇集搜索数据,我们或许能够找出某些社群具体被哪些法律问题所困扰;通过分析监管部门的行为,我们或许能够用全新的方式来预测合规结果;通过收集海量商业合同和电邮通讯,我们或许能够了解到某一行业所面临的最大的法律风险。这里的颠覆性在于,法律事务和法律风险管理中的关键见解可能会更多来自于处理海量数据的算法,而不必再需要主流律师的介入(除非他们选择和数据科学家协作)。

法律人机问答

人机问答(questionanswering)是计算机科学的分支之一,致力于开发自动应答人类用户用日常(自然)语言提问的系统。最著名的人机问答例子是IBM的沃森,该系统为参加美国电视知识竞赛节目"Jeopardy!"而设计。2011年,在该节目的一期现场直播中,沃森公开击败了两名排名最高的人类选手。在法律领域,人机问答将会极大帮助公民的日常法律需求。参考沃森的思路,法律人机问答也可以采取在线服务的形式,该系统储备大量结构化或非结构化法律材料(一手和二手资源以及法律分析),能听懂用自然语言表述的法律问题,能对问题中蕴含的事实进行分析和归类,能得出结论和提供法律意见,甚至能用计算机模拟声音(比如用户所选的口音)把法律意见表达出来。这类系统不仅仅会颠覆执业律师的世界,还会颠覆我们对法律过程的通常理解。彻底颠覆还需要几年时间,不过随着新兴技术的爆炸式发展,或许很快法律人机问答就会进入日常法律服务,而且可能会比怀疑论者所想的要快得多。

法律人机问答,以及文档分析和机器预测,都日益被视为将人工智能运用于法律的范例。我会在第18章继续讨论这个话题。

第二部分
新图景

6
律所的未来

本书第一部分围绕的这个中心问题是：何种程度上律师的工作可用不同方式来完成——更快捷、低廉、高效，而且质量也更好？这是当下的关键问题。如第 2 章所讨论，过去多年来律师都做了很多例行的工作，而这些工作并不必需律师资格，律师收费也太贵。在经济增长时期，由于是卖方市场，成功的律所没必要停下脚步来审视提供法律服务的高效新方式。然而，如今随着客户们的成本压力不断增加，新的服务提供商纷纷涌现，新技术不断被采用，如果律所还避而不谈不同的工作方式，恐属不智。

尽管如此，我发觉很多传统律所依然止步不前。他们还未采用其他的工作方法。这一部分是如何实施改革的问题，因为律所大多都忙于服务客户和完成业绩指标，无暇顾及自身改革——要给飞驰中的车换胎，困难可想而知。另外，这也是个结构问题,因为大多数律所还追逐传统的宽底金字塔形结构(见第 2 章所述),尽管替代性处理方法要求改变这种结构,甚至彻底抛弃。如果扪心自问,很多律所的主力合伙人还依然不愿承认他们需要改变。换句话说,律所依然倾向于坚守旧工作方式,希望经济形式会很快强劲反弹(无论归咎于经济下行、英国退欧,还是别的原因),然后一切如旧。

律所的前景

然而,如果本书第一部分的分析和预测站得住脚,未来 10 年及以后,客户会不断驱使着律所降低费用。这是"事多钱少"问题的本质(参见第 1 章)。对大多数律所而言,不管他们有多不情愿,我预测他们都将最终采取替代性处理策略(第 4 章)。随后我们就会看到杠杆结构的终结——至少金字塔(合伙人处于顶端而初级律师位于底部)的底部会由宽变窄。律所不会再热衷于组建初级律师构成的大型团队,并以之作为营利能力的基础。"为了活下去",用西奥多·莱维特(Theodore Levitt)在经典论文《营销短视症》(*Marketing Myopia*)中的名言来说,律师们"现在的营生若无以为继,就必须要未雨绸缪"。

例如,有些律所可能会逐步减少初级律师的数量,或者不再录用新人。然后律所可能会以高级别的合伙人为主,每人辅以一两位助理律师。例行工作会外包到律所以外。另一些律所可能选择在内部设立替代性处理的职能部门,例如内部法律助理团队,或者建立自己的离岸法律机构。还有一些律所可以从新型法律服务(见第13章)中寻找机遇,开辟尚不存在的市场,或者从法律供应链的不同阶段寻找自己的位置(例如,更早加入客户业务周期)。

尽管这些改变会冲击全体律所,无论其规模大小,大型所可能还是会说,诸如大宗商品化、分解、多头处理等概念与"高端工作"基本无关。不过加以斟酌之后,人们会发现所谓"高端工作"的说法基本是海市蜃楼——即使是世界上最大的交易或纠纷,其中依然有大量组成部分可以流程化,可以采用不同方法来处理。如果大所坚持他们只从事量身定制工作——注意"量身定制"和只做高端工作不是一个意思("量身定制"的外延常常比"高端"窄,是"高端"的子概念)——那这些律所恐怕就不那么安稳了。比方说,如果有机构站出来承担大型交易和纠纷的项目管理工作,那这些律所就可能沦为分包商。与此同时,过去律所交给初级律师的工作,也可能被替代性供应商抢走。

国际精英?

尽管如此,可能依然有一群国际精英律所觉得他们不用改变太多。今天还持这种观点的律所大概有20家左右(但未来10年间很可能由于兼并而变少)。这些律所依然继续享有巨大的商业成功。他们会说,对于那些事关存亡的交易和纠纷,客户仍然会想要跟过去差不多的服务方式。这样的说法不是全然没有道理。这些律所会说,对于巨型任务来说,市面上也就那么几家律所能被董事会接受(所谓"买IBM永远不会错"原则)。无论如何,跟公司前途(无论是面临威胁还是重大投资活动)比起来,法律工作的价格显得无关紧要(所谓"大局之下百万美元随便花"原则)。如果所有精英律所都是这么想的,并继续过去的工作方式,说不定他们还真能保持下去。你很难说服一群百万富翁他们的商业模式已经没落。

不过,这些律所也不应该过于自信地认为"行业的主要产品不存在竞争性的替代品"(用莱维特的话说)。因此,一旦新挑战者(比如四大会计师事务所)入局,从而给市场带去新选择——比方说一个大品牌提供市场价一半的服务——那就会根本性和不可逆转地改变市场,不仅限于精英律所,同时及于整个行业。对于这种假想,精英律所的领导层们或许有所怀疑。但是,就算仅仅是因为大客户们异口同声说要寻找其他法律服务方式,律所领导层们也应该先把怀疑搁下。很多客户已经觉得一些大所太昂贵,有时也太傲慢自大。例如,有些客户已经开始拆解公司法务工作,并把常规的部分(如尽职调查)交给更廉价的本地律所或法律流程外包机构。公司仅会聘请精英律所来集中应对最富挑战性的工作。这种方式可能会打击大型律所的核心盈利模式,即靠初级律师承担的常规工作来挣钱。

精英律所也应该注意他们之间也已经有人开始打破阵型——2016年就有一个例子,安理律师事务所联合了德勤会计师事务所发布了一套名为"边际矩阵"(MarginMatrix)的在线系统,帮助银行应对全球衍生品市场的新规则带来的繁重文书要求。很多精英律所本指望通过量身定制的方式来为客户们应对这些监管任务,"边际矩阵"的横空出世无异于釜底抽薪。

对于中型所而言,为了存活和发展,我怀疑大多数都需要合并和寻找外部投资,从而得以从现在的工作方式转变为长期可持续的新商业模式。现在这是一个机遇期——他们应该认识到客户对于某些大所的不满,他们可以乘机成为可靠的替代者,这是史无前例的良机。为了抓住机遇,他们必须找出建立名声、品牌、能力的方法。

我相信专精某一领域的中小型所未来依然会有市场。哪怕是大型公司的法务总监也常常会表示欢迎精深的专业知识和个人化的服务,即使由中等规模的律所提供也无妨。一般来说,这种吸引力来自于律师个人的才能,而不是某家律所。

至于仅有少数合伙人的小型所,除了能提供某些客户需要的真正专业化和个人化的服务的那些,若不彻底转型则很难长期维持下去。业务上的威胁将来自四面八方,并不仅仅是在线法律服务提供者。在允许准入放宽的体制下,商业街边的银行和零售商都能提供日常法律服务(例如产权转让、遗嘱认证、人身损害等工作),成为个体户律师和小型律所的竞争对手。这些替代性商业机构很可能借助外部投资和商业管理经验,将法律服务标准化、系统化、外部化(见第3章),从而带来传统小律所无法匹敌的低价、高效和体验。这是还停留在手工业时代的律师的终结。因为在允许准入放宽的体制下,我不觉得大多数传统小律所未来(2020年以后)还会有什么前途。

本书第一版中提出种种观察之中,我对小律所的悲观态度似乎冒犯了最多人。我必须要声明我对小律所本身并没有偏见,但当这些街边小店面对庞然大物时(不管是大型企业还是在线服务),我实难看到小律所如何能安然无恙。

不妨退一步来说,小律所的合伙人们可以自问:21世纪20年代之后,作为小型法律服务机构能带来什么独特价值?敢不敢回答:我们的客户明白无误地说他们不想要我们改变;我们的社会需要各种各样的法律服务,我们的传统服务提供方式并没有明显的竞争对手;我们是得到认可的专家,规模虽小,专业度并不输人;尽管我们是律师,但客户把我们当作一般商业顾问来寻求帮助;正因为我们规模小,我们比其他法律服务者都明显低价,但依然提供高质量服务;我们的客户来找我们是因为他们愿意为了面对面的接触和服务支付更多费用。有些小律所觉得他们能问心无愧地如此作答,但这些不过是凤毛麟角罢了。

诉讼律师

另外还有一群法律专家,他们通常坚持自己不会受到经济原因、准入放宽、技术的影响,这就是英格兰的出庭律师和世界各地的诉讼律师。

诚然,大部分口头辩论工作性质上需要高度量身定制,法庭律师的工作和专业如何才能标准化和计算机化,并不显而易见。确实,最优秀的口头辩论很可能是典型量身定制的法律服务。在可预见的未来,我并不怀疑价值高昂与高度复杂的法律问题依然会继续通过传统法庭用传统方式来辩论。当一宗纠纷事关存亡,客户们会继续雇用最有才华的法律斗士来维护他们的利益。然而,让诉讼律师来解决价值较低或不太复杂的纠纷,这笔经济账恐怕就算不通了。除了纠纷处理很可能转向调解、律师协作及其他纠纷解决形式,新兴的纠纷控制与纠纷预防技术(见第9章)也可能会降低在法院终局的案件数量,很多案子可能根本不会进法院。此外,不仅律师在法院现身的次数会因采用虚拟庭审而减少,在线法院和在线纠纷解决(ODR)也会导致不少传统诉讼律师转型。少数真正资深诉讼律师的未来目前看起来尚属乐观,但初级民事诉讼律师可能需要重新思考前景。如果打算2020年后依然生意兴隆,那他们就得准备参与虚拟庭审和在线法院。

在英格兰与苏格兰有主要从事撰写复杂法律领域意见书的诉讼律师,他们的业务与大多数其他法律业务相比,较少受到本书预测的变革的影响,因为这属于真正的量身定制服务,目前还没有明显的其他处理方式。

新合伙人提出的问题

在律所面临大变革和震荡的情况下,我注意到律所新晋合伙人正处于困惑和焦虑之中。以前,我观察到年轻合伙人是很有意思的一群人。大多处于三十多岁,这些年轻律师精力充沛,也具备相当经验,但也倾向于假定他们作为共有人的律所会以过去的方式继续运作和营利下去。他们自信满满,深受晋升合伙人的鼓舞,也满足于此前的投入获得了回报,即使他们不安地发现成为合伙人是个新的开始,并再次处于一条道路的起点。

不过,过去数年间,我注意到初级合伙人对其所处位置的信心有所下降,对于律所未来也感到焦虑。当我在1996年至2006年间给律所新合伙人讲入门课时,我能感受到他们对我那些听起来不着边际的观点不屑一顾。很多人宁可在我讲课时看黑莓手机或起草文件。如今初级合伙人开始倾听,反复问我一些问题,并殷切希望了解我的想法。我列出这些问题,以及我通常给出的答复。

我们律所还能持续下去吗?

我在本书第一部分预测的变革已然初露端倪。尤其是律所,如果不能采用替代性处理策略,从长远看恐怕大多无法持续下去。

我们的商业模式失败了吗?

如果这里商业模式是指宽底金字塔形结构(即合伙人位于顶端而初级律师在底部承担例行工作),那么我觉得这种模式长期确实会失败。杠杆作用会被替代性处理方式取代。

黄金时代过去了吗?

很多律所的巅峰时期在2006年前后。问题并不仅在于营利能力和营业额(这方面很多律所已经恢复过来了),而在于拿到工作的难易程度,客户心甘情愿付费额度,以及人力耗费程度。一些精英律所和有创业精神的律所还会继续发展到更好的阶段,但是很多律所的黄金时代确实已经过去了,除非他们能锐意改革。

我们的固定成本太高了吗?

未来律所需要重新审视选址策略。当今世界网络化程度越来越高,视频通话无处不在,大城市的高额租金在成本上划不来。雇佣大量年轻律师的人力成本也会过高,主要由于低成本地区和国家可以提供替代性处理方式。

我们继承了什么?

大多数初级合伙人继承了陈旧过时、技术低下的业务形式,很快就会落后。这不仅意味着行业内缺乏先进头脑和才华,也意味着把才华带进市场的方式和其定价已经没什么竞争力了。

资深合伙人们关心长远吗?

这是个致命的问题。很遗憾,大多数我遇到的律所领导层已经干不了几年了,他们只想坚持到退休,只要我预测的事情别更早给他们添麻烦就谢天谢地了。他们更像是经理人而不是领袖,因为他们更关注短期营利能力,而不是长期兴旺。对于初级合伙人来说,这很悲哀,因为对律所的任何大动作都必须来自于顶层设计。这方面,我发觉大型会计师事务所与律所形成鲜明对比,前者的资深合伙人们看起来对初级合伙人的长期发展要关心得多。他们的理念是把自己当作长命机构某一段时期的临时管理人,而非等着变现退出的投资人。如果律所有更多分红合伙人也能接受这种理念,对律所会大有裨益。换句话说,资深合伙人是时候深入反思一下了,他们留给接班人的遗产能更慷慨些吗?

呼唤领导力的时代

对于律所来说,经理人和领导人的工作职责截然不同。经理人一般只关注短期,确保妥善服务、赢得案件、完成业绩、激励团队。相比而言,好的领导人虽不忽视短期,但同时也要热衷于组织机构的长期战略状态。他们的首要任务应该是理解市场变化、建立长期关系、强化品牌、审视和推进战略。历史上,从20世纪80年代到上次经济衰退,多数律所并不用担心自身领导力的问题。律所的应对方式很简单,每年各个执业团队都被要求带进一些新的工作并削减一些开支。这是正常年景的管理方式,平稳航行即可。但到了巨大变革的年代,强有力的掌舵手就必不可少了。为了维持和繁荣,必须要有坚定的领导人。

未来律所最优秀的领导人不太可能像他们的前任们那样靠寻求共识来工作。当变革快速到来、无处不在时,试图说服怀疑者和掣肘者只会错失时机。

　　说到底,大多数律师更认证据而不是舌辩。不管对方什么论点,好律师都能想出来聪明的驳斥之辞。相比之下,无视客观证据就不那么容易了,比如见到客户在新闻中热切褒扬某套系统或某项创新。所以律所领导人需要拿出证据来展示变革,而不是仅靠嘴说。这里的问题是,如果证据来自于律所真实业务之中,那么律所就别无选择了。因此,律所领导人需要从内部制造证据——从试点、实验中,也可以在支持的客户那里尝试新想法。律所领导人会需要一些空间来从事持续的研发而不必寻求多数合伙人的批准。这种方式听起来不那么符合合伙制或集体决策的要求,但确实更符合真实的商业逻辑。

7
企业法务律师的角色转变

我遇见过最有成就的律师,不少在公司法务部任职。也就是说,他们隶属于大型组织的法务部门。有些法务部门——比方说隶属大型金融机构的——可能非常庞大,律师多达2000人。如果你想要在接受法律服务的机构核心工作,那企业法务律师的职业生涯挺有吸引力。如果你在律所工作,毕竟和客户企业隔了一层。如果当法务律师,那直接就是企业的一部分了。大多数法律学生考虑未来职业选择时,总会想到在律所。(美国以外的很多法律学生也会有志于担任政府律师。)很少法学院会认真讨论企业法务律师的角色。这有点奇怪,因为这些客户很有可能会对未来的法律服务有巨大影响。

法律风险管理

大多数公司法务总监(即公司法务部的主管)告诉我他

们的主要工作是风险管理,"法律风险管理"应当是公司法务律师的核心能力和服务内容。相形之下,企业法务目前的现实工作更像是救火——法务律师几乎每天都要面对来自各部门的一大堆请求和问题,他们也觉得要给出有帮助的回答。其实,尽管某些问题确实值得法务部投入大量精力,但有很多并不如此。大多数法务总监希望法务部门能组织得更有所侧重,他们从过于被动变得更积极主动。换句话说,法务部的工作应当是在问题出现前就充分做好预判。工作焦点应是避免纠纷,而非解决纠纷。

管理法律风险的方法有多种,但通常重点是避免企业内的非法务部人员一不小心就给企业带来某些法律责任(例如违反法规或合同)。防控这类风险可以通过,例如,增加法律意识、引入标准流程和程序、采用标准文书等方式,或让律师更直接参与到企业事务中去。法律风险管理可以涉及审计、风险评估、常规检查等行为,评估例如企业合规管理流程或应对诉讼的能力。无疑,未来的法务律师会在风险管理方面变得更加系统化和严谨,并借助于更复杂的工具和技术(其中最激动人心的机遇要算利用机器学习技术来做风险诊断了)。几乎没有律所认识到其中的商机,这令人吃惊。

另一涉及风险的趋势在于法务律师和律所越来越多共担风险。如果交易或纠纷没达成满意的结果,一些法务总监认为律所也应该承担部分不利后果,削减部分费用。律所辩驳说,如果这样,那反过来也应该成立,即如果法律项目的结果令人满意,律所应当能多收费。这种说法也不无道理。毫无疑问,随着经济压力增长,关于收费和风险分担的辩论未来数年会越演越烈。分配风险的新方式会慢慢演进,尝试以不同方式来激励律所。一个值得关注的例子是,如果律所帮助企业避免诉讼,那企业法务就付奖金给律所。

知识管理

如前文提及,采用标准文档是降低法律风险的成熟技术:无论是否是律师,都被要求使用(也仅被批准使用)格式合同,这些合同经过认真打造,涵盖各种已知的法律问题和陷阱。业务人员在谈判过程中只能使用格式合同条款,如果没有律师同意,不得修改。

准备这些标准文件的实际工作属于法律知识管理的范畴。这是指收集、整理、分享一群律师集体知识和专长的过程,目的在于避免重复劳动,建立机构知识储备(无论个人记忆力如何优异,都难以企及)。很多大型律所(尤其是英国所)都有一群法律专家,被称作"专业支持律师",知识管理是他们的核心工作之一。

值得注意的是,企业法务部很少有法律知识管理人和专业支持律师。这里有说不通的地方。知识管理工作显然会提高企业法务的效率。相比之下,对于按时间计费的律所来说,似乎反而没什么激励去重复利用过去知识并提高效率。那么,为什么公司法务部一般不愿设立知识管理人的岗位,而大型律所反愿意花大钱?对于法务律师而言,我听到的原因是很难用经济账说服企业财务主管来批准设立不直接处理纠纷或交易的律师岗位。对律所来说,他们知道客户(至少英国客户,美国和加拿大客户或略有不同)期望他们的外部顾问拥有大量的模板和先例,而知识管理人正是专门维护这类知识的人。简而言之,大多数法务律师认同知识管理的理念,但是更希望律所来承担费用。

情况会变。企业法务律师会逐步认识到专业支持律师的好处,并能将这种好处量化,从而说服企业董事会花钱设立这些岗位是值得的。专业支持律师能通过基于技术的法律知识分享系统(既可用于法务部门内,也可用于这个机构)

来降低成本。

从律所得到更多

谈完风险管理与知识管理,我们再来看看客户们未来会如何选用律所?我们经常假定把不同律所和律师区分开的标准是他们的实体经验,还假定看上去懂得更多、更专业的律师更有吸引力。然而,客户经常说在众多好律所、好律师之间没什么可挑的,因为他们都对法律规则和市场实践了如指掌,相差无几。而真正能把律所区别开来的,尤其当某项工作真正需要量身定制时,往往是律师和相应客户之间的个人关系。(对例行的工作而言,人际因素就没那么重要了。)

因此,未来要经营一家成功的律所,仅靠律师拥有良好的法律头脑是不够的。未来的律师需要具备各种各样的软实力,才能赢得客户并让他们满意。未来的企业法务律师不仅在成本上更挑剔,在挑选跟哪些外部律所培养长期合作关系方面鉴别力也更强。这就迫使律所必须要更多进行面对面的互动,以及通过社交网络系统来保持日常联系。

例如,有些律所能对客户表现出持续的兴趣甚至热情,客户就很喜欢。客户希望感受到他们付了大钱的律所确实把他们的利益放在心上,即使某一时刻双方并未处理具体的法律问题。如果律所确能投入时间来思考客户业务和行业的具体情况,客户也会感到满意。例如,客户想要听到某一项刚完成的交易可能会与该客户有关。对于跟客户业务可能有关的发展趋势,客户也会想要时不时收到简报。保持这种持续的接触恐怕对很多律师来说并不是自然而然的,而且经常就被其他客户的收费项目给挤占了。这就比较遗憾了,因为客户现在十分看重这类日常互动,故而对维持长期关系越发重要。

还有个相关的问题,年轻律师应该注意律所要多站在客户的立场考虑问题。法务总监经常观察到外部律所并不理解客户,很少懂得客户业务的日常运作。这并不是说律所连客户的年报都不读(尽管有些确实连这都没做到),也不是说律所连客户所在行业的基本常识都不懂,而是客户有更广泛的焦虑:律所没有花足够时间来彻底沉浸到客户所在的环境里,获得在客户企业工作的真实体验。例如,有人跟我说大多数律所没有领会任何客户对风险的容忍度和接受力,行政和官僚事务的工作量,内部沟通的重要性、程度和语气,以及律师处理的交易和纠纷所处的宏观战略与商业情境,这至关重要。

简而言之,未来的律师要更加与未来的客户步调一致。相比而言,当与客户会面时,现在很多律所合伙人都被说成夸夸其谈、不着边际,而非倾听他们服务的客户的想法。换句话说,很多律所并不为客户考虑。他们没有设身处地,从客户的角度来考虑他们的业务问题。经常有人说,正因为律所不能停下来倾听,所以往往不能分辨到底客户是想要快速粗略的指示,还是不遗巨细的法律分析。不能设身处地倾听客户,可能会严重损害律所与客户未来的长期关系。

"事多钱少"的难题

尽管法律风险管理与知识管理将是未来企业法务律师的关键策略问题,而他们与律所关系的质量和基调也会是重要的运营考虑,但是今天大多数法务总监的头等大事还是应对事多钱少的难题。2016年及可预见的未来,这都是让法务总监们夜不安寝的难题。他们如何能用更低成本给企业提供更多法律服务?

最简单的方法当然是尝试让外部律师减少收费。但这里有个老大难的冲突:客户和律师追求的目标根本不同。如果客户打电话给律所,说企业遇到一个问题的威胁,如果说会有合伙人内心深处并不祈求客户遇到了大麻烦,那他简直高尚到并非凡人了。对任何法律工作,所有客户都会祈祷他们的法律要求是例行的,能被很轻易处理掉,而律所则一般会渴望接受更困难的任务,最好是要投入一整队人花不少时间处理的复杂工作。

其他一些冲突则与目前主流的按时间计费有关。多数客户并不想要买专家的时间,他们想要结果、解决方案、可行的商业指引。他们也想要确切、可预计的成本预算,而不是按时间计费要求给出无边无际的付费承诺。一般来说,按时间计费不能激励律所向客户提供他们所要的。结果是,如我在法律风险管理那部分所述,我们将在未来10年间看到更多把律所和客户的激励机制协调起来的复杂方式。

这些新机制不会仅仅是按时间计费模式粗略和无效的变种。第2章已经论述了为何这些变种大多令人失望。如该章所述,企业法务律师将会认同仅仅是计费方式的变化并不足以实现成本下降,而解决之道在于不同的工作方式。一些法务律师已经有了这样的结论,因此正在尝试处理法律工作的各种替代性方法。

这背后的逻辑已经解释过了。过去,法律工作不是由客户自己完成就是让外部律所完成。问题在于,无论是律所还是法务部,处理例行和重复性的法律任务都太昂贵了。因此,处理这些工作的其他方法就有吸引力了:包给低成本国家的第三方供应商;把法律工作转移到企业已经转移了部分职能(例如电话服务中心)的离岸地区;鼓励律所把活儿分包到低成本地区;雇佣成本只有传统律所一半的合同制律师;等等。这些都是第 2 章称作"效率策略"(削减法律服务成本)的例子。

另一种可能性是共同处理,由一群公司法务部门分担某些共同的法律服务,或许可以共同设立服务中心。这是第 2 章"协作策略"的例子,我还提到过银行间与地区政府机关间已有的协作方式。

毫无疑问,对上述这些和其他新的法律工作处理方式,公司法务社群已经越来越感兴趣了。

协作精神

另一种合作方式也出现了——一些企业法务律师热衷于激发外部律所的协作精神。他们把主要合作的律所称作

"大家庭",目的在于律所之间能相互信任而不是竞争,律所合力服务客户,而非为了抢活儿而互挖墙脚。这样的结果是律师们能产出更多、效率更高、互相之间也更和气。如此一来,企业的法律能力由内部职能和外部律所共同构成。客户期待来自不同律所的律师们能如大家庭般共处,不是那种你死我活、整天斗嘴的家庭,而是共享一个大目标并为之不断奋斗,这个目标就是客户的利益。

这种管理外部律所的方法目前还不多见。确实不少法务总监对跨律所合作有所怀疑,持怀疑态度的还包括不少银行,他们认为期望主要外部律所合作根本不现实。精明的律师想要的是挣钱的地方,而不是联谊会或家庭出游。因此一些法务律师积极鼓励律所彼此激烈竞争。采用这种更对抗性的方法,律所经常会被邀请来竞价,证明他们是最优秀的——他们比其他律所更好、更低廉、更高效、更有创新精神。

尽管两种方式之间并没有绝对正确的选择,这两派我都见过(既有金融领域之内的,也有其他行业的)。我预测协作的阵营将胜出。这种方法明显吸引人:避免重复劳动;消除信息不对称;精力更多导向客户;工作关系更加友好。例如,从客户角度来说,与外部律所一起协作提供员工培训服务明显行得通。也出现了另外一些有趣的机遇,例如从各家律所挑选律师,针对某项交易或纠纷组建最优秀律师加盟的"梦之队"。采用家庭模式而非对抗模式的难点在于采用正确的激励机制,使律所们真正愿意合作而非竞争。如果客户能基本保证给"大家庭"里的每家律所大致稳定的工作量,那问题就解决一半了。协作方式的参与者若能采用社交网络技术,也会很有帮助。这能把律所们带到虚拟的大屋檐下,鼓励并支持他们在虚拟群组内工作。这既可能通过通用的服务(如领英)来实现,也可以借助法律专门工具(如"法律上匝道"的最初版本)。与很多其他法律领域一样,企业法务律师的未来也是数字化的。

法务总监的策略

实践中,法务总监们是如何应对未来,尤其是如何处理事多钱少的难题呢?我没法给出"一刀切"的答案,不过我发现大致有四种策略,范围与力度各有不同。采用第一种策略的法务总监把律所作为突破口,压低他们的价格。对于把很多活儿都交给外部律所的法务总监来说,他们会优先考虑这种方法。第二种策略更适合大型法务部,侧重于重塑内部法务部门。第三种则同时考察内部和外部的能力,寻求把二者都流程化。第四种策略最耗费心力——脱胎换骨、从头开始,把现有的内外部资源搁在一边,重新分析企业的法律需求。该项分析完成之后,则冷静区分如何来处理各项需求;不仅考虑传统律师,也包括新的供应商。在我看来,最后一种策略未来会给大型企业提供最经济高效的法律服务,逐渐也将成为所有称职的企业法务部门优先考虑的方法。

有一个新近的相关进展也值得关注:企业法务部门开始设立首席运营官(COO)或运营总监。简单来说,这些人员的职责是像运营企业一样来运作法务部门。很多法务运营人员关注战略、替代性工作处理方式、更高效的采购和法务技术,而法务总监则腾出手脚来做最擅长的事情——为管理层提供意见。首席运营官之间也有协作,这里最好的例子是首席运营官们2014年共同成立的企业法务运营联合会(CLOC)。

企业法务律师的力量与责任

我经常发现当企业法务律师考虑未来趋势时流露出不

自信之情,这有点让人吃惊。他们常常问我,如果经济形势好转,律所会不会回到老路上去。我的回答永远是这完全是由企业——律所的客户——来决定问题的答案。如果企业法务律师不想旧病复发,他们就应该很明确地将想法传达给外部顾问。他们可以确信,在目前的买方市场中,律师不会无视客户的想法。

大多数企业法务律师原则上都同意变革有必要,他们应该更精打细算,跟供应商多讨价还价。但是大多数企业法务律师也说,他们没有时间、精力、能力来进入兼具效率和协作的解决方案。当我再问得深入一点,就发现很多法务总监更想要律所给出的现成答案。但这构成了恶性循环,因为我已经说过律所本身并没有动力去协助实施效率或协作策略。为什么律所要采用可能威胁到自身业务的颠覆性创新,尤其客户还看起来漠不关心,竞争者们也无所作为?

企业法务律师一定要记住,他们本身就很可能被自家企业详加审视。如果他们一味抱怨律所怠于改变,恐怕说不通吧。例如,随着处理法律工作的各种可能性渐渐为人所知,总裁、财务总监、董事会恐怕都会问法务总监法务部门是否抓住了新工作方式带来的机遇。为帮助企业法务律师找到

问题所在,我把这种可能的需求表述成"股东测试":

> 当某项处理交易或纠纷的预算方案摆上桌面时,假设有一位商业感觉敏锐的股东,他熟知各种处理法律工作替代性方法,那他会不会认为这份预算方案物有所值?

如果企业法务律师允许律所退回到经济衰退前的计费和工作方式,那肯定通不过这个"股东测试"。很快法务总监(和他们的运营官)将别无选择,唯有重新审视他们的部门和工作方法:事多钱少的压力渐渐会超出容忍的限度,不得不调整甚至改造他们内部工作和外包法律服务的方式。

只有企业法务律师能给企业带去更多价值,超过其他法务服务提供者,那法务律师这一行才会兴旺发达。真正具有专业精神并深受信任的法律顾问,对企业业务了如指掌,他们永远是企业的宝贵资源。然而,法务总监若不能对企业法务部、律所和其他供应商都采用效率和协作策略,那企业法务律师的前景就不甚明朗了。我建议法务律师不要等到火烧眉毛才行动,现在正是应对挑战的时机。

他们应该记住(尽管很多人还没有理解这一点),企业法务律师有很强的议价能力。眼下及未来多年,依然很可能是买方市场,尤其对重要客户来说。我不太明白为何法务总监还没给外部律所更大压力。世界上最大的100家律所的业务很大程度上来自世界上最大的1000家企业。如果法务总监们更加苛刻,他们就应该尽其所能来重塑这一阶层的律所,进而改造整个法律市场。

8
变革的时机

经常有人问起我所预测的变革会以怎样的节奏推进。一些评论者和律师相信这些变革已然发生,法律世界会在几年内改变。另一些人相信转型节奏会比较迟缓,离革命完成还有好几十年。我认为我们不大会见到大爆炸式的革命,但变革也不会太迟缓。我预测一场渐进式的转型,分三阶段推进:否认、改变处理方式、颠覆(见图8.1)。

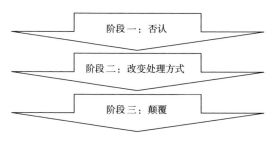

图8.1 变革的三阶段

我并不是说所有的律所和企业法务部,都将会整齐划一地迈过这三阶段。一部分行业先锋会冲在前面,也会有不少后进生步子要慢得多。我的三阶段论也和其他一切理论模型一样,是高度抽象的结果。该模型是为了展示大多数大型律所和企业法务部常见的共同演进路线,但演进速度没法精确预测:这很大程度上取决于各种影响因素,例如经济状况、客户需求强度、市场新竞争者的冲击力,以及是否有一些律所会积极领衔来改变提供法律服务的方式。

阶段一:否认

我 2016 年 10 月写作本书时,我们已处于本阶段的尾声。尽管大多数律师,无论在律所或企业法务部工作,可能还会想象重返 2006 年,但我现在遇到的法律界领袖几乎已经没有人否认根本性变革已来临。旧时代已经过去了——那时很多律所活儿多的干不过来,而且客户也不怎么关心价格。对企业法务部来说,尽管经济衰退之前有一些迹象表明可能要考虑勒紧裤腰带,但基本上企业内部还没什么压力要削减开支。那是一个富足的年代,既是卖方市场,买家的腰包也很鼓。

到了 2007 年,经济下滑并遭遇危机,事多钱少的难题(如

第1章所述)随之而来。那年我们也进入差不多10年的否认期。不少法务总监起初的应对之策是寻求削减法律支出，但并不通过根本性变革内部运作或外包策略，而是让外部律所大幅降低收费。为了实现目标，还实行了相当正式的竞争性招标流程。随后，大多数律所提出了各种"替代性费用安排"，并裁减了不少律师(从初级律师到合伙人均有)和辅助人员，削减诸如技术和营销等内部辅助开支。

事实上，多数企业法务部与律所在这段否认期渴望平稳渡过难关：企业法务律师希望维持人员规模不变，而律所尝试通过小幅削减开支来维持营利能力。

在第一阶段，一些律所只是做做表面文章——他们参与某些不太激进的替代性处理方式，但只是作秀而已。他们的目的在于整出一套像模像样的说辞，当客户问到降低成本策略时就可以拿出来用。本质上则是为了拖时间，是拖延战术，希望市场会回暖，客户就不再有压低律所费用的压力了。

与此同时，一些企业法务律师争辩说，应对之道在于扩大企业法务部的规模，因为企业法务律师的成本比律所里的律师要低。这种观点实际上常常讲不通。这种方法假定法务律师必须承担大量工作，这并不现实。而且，供给增加常常也导致需求增加,所以录用一位法务律师之后,他很可能会要求配备一名助理,甚至一个团队。不管怎么说,扩大法务部门规模常常最终退回到处理法律工作的陈旧观点,即法律工作只能由法务部或律所之一完成,无视其他处理方式的可能性。

简而言之,第一阶段已临近尾声,本阶段中大多数(但绝非全部)律师还不愿意承认法律市场出现了根本性和结构性的变革。他们假定——或祈祷——经济回暖或企业业务转好之后,法律业务就能回到2006年前后的老样子。这并未发生,一方面是因为世界经济大势恐怕不会很快就改善,另一方面则是客户企业已经看到法律成本可以压得更低,法律工作可以用不同且更高效的方式处理,所以他们不会愿意回到原有的低效模式中去。

阶段二:改变处理方式

在上阶段,企业主管和董事会发觉法律费用并没有下降到所需的程度。尽管法务总监可能曾经很乐观地跟财务总监谈到过降低小时费率和替代性费用安排,但现在已经很清楚这些承诺的降费并未实现。无论是企业法务律师还是律所,都承认他们需要从不同计费方式转向不同的工作方式。这是第一阶段到第二阶段的转折点。尽管有一些更先进的法律业务和法务部门已经到第二阶段,但很多法律机构还处在转型期。

到了第二阶段,法务总监再无视法务部门自身的低效率就不行了。正如他们会让律所找出其他处理方法来处理例行的工作(过去由高费率的初级律师来做),同样的方法也会用到他们自身的法律工作中去。因此,律所和企业法务部都需要解析他们的法律工作,把最简单明了、流程化、事务性的活动和任务用替代性方式来处理,无论是外包、离岸处理、交给法律助理、计算机化,还是采用其他各种各样的处理策略(如第4章所述)。企业法务部门也需要增强协作,分担法律服务成本(如第2章谈到协作策略时所预见的那样)。

这阶段,其他的法律行业的服务供应商——法律流程外包商、出版商、会计师事务所、私募投资的创业企业等——将会在提供法律服务的市场中扮演更关键的角色。可能不会有一个突然的转折点,但我们开始看到律所的新竞争对手猛增。

此外,在第二阶段律所和企业法务部将找到运营办公室辅助职能(例如技术与会计)的新方法,从而大大减低成本。实现方法包括商业流程外包和共同处理服务设施。

企业法务部门对法律需求分析和法律风险管理的投入,也很可能会在第二阶段增加。企业的所有人和管理人将会想要更清楚地了解到,哪些是急迫又无法避免的法律费用,而仅仅为这些事情花钱。

阶段三:颠覆

在第二阶段中,替代性处理方式通常限于把法律工作以更低的人力成本完成。实际上,这就是一种劳动力套利的形式,能节省大量成本。但是,这并不是法律市场发展的终点。通过引入日益强大的系统,第三阶段会有更多激进转型。总体而言,这些技术是颠覆性的,也就是说他们会挑战和取代从事法律服务的传统方式。

很多律师和评论家未能认识到采用廉价劳动力的法律流程外包(LPO)之类的服务,很可能只是短期而非长远之计。我们来考虑一下最适合法律流程外包的两类服务——诉讼文件审阅和基本合同起草——这两者慢慢都会被信息系统取代,这些系统的表现优于初级律师和行政职员。这两类法律工作之所以适合于流程外包,在于这类工作能被分解成可管理的小单元,然后由经过训练的人按照详尽的流程完成,即使他们不具备专业知识亦无妨。这些特点也恰恰使得此类工作适合于用技术来处理。因此,借助技术的文件审阅工具用于电子披露(electronic disclosure 或 e-disclosure,广义上指纠纷双方互相披露以电子形式存储的相关文件)时,它们已经表现得比从事诉讼文件审阅的人类要强。又如,文档自动化在可靠性和效率方面,已经超过有一定经验的律师和行政职员。

广泛采用颠覆性技术代表着法律服务的最终阶段,不过即使到那时,技术的世界并没有终点线(如第 1 章所述)。从长远看,越来越多的法律工作可以也将会交由强大的系统来完成,只需系统的人类用户略加看管即可。未来法律人就将在这样的场景中生活和工作。

颠覆性技术不仅会主导法律工作本身,也会指导如何选用法律服务提供方(无论是人类或计算机系统)。价格比较系统、口碑系统、法律服务在线拍卖(见第 5 章)将会被频繁使用,创造出一个电子法律集市,与过去几十年甚至更久的传统法律交易方式全然不同。

并不是说到了比如 2020 年,计算机系统就会取代所有法律工作。当然不会这样。不过到了那时及以后,如果所有成功的大型法律服务组织都慢慢把商业流程从人工处理转向基于更复杂和更技术化的生产方式,也不足为奇。我已经看到很多其他行业出现了这类变革,我们没有理由认为法律会不受信息技术影响。如果类似的技术可以重塑医学和审计,那法律人也该反思一下了。

与当下截然不同的法律世界会兴起,大多数年轻法律人将会步入这个新世界。如果年轻法律人有志于追求与上一代律师类似的职业生涯,他们要失望了。而对于想追寻新机遇的年轻人,如果他们愿意投身本书所预测的前进方向,我相信现在正是最激动人心的时机。

9

司法触达与在线法律服务

2000年,我在《改造法律》一书中预测:用不了5年,能访问互联网的英国人就会超过能触达司法的人。不幸被我说中了。如下文所述,目前仅有不到5%的英国人还被实际排除在互联网之外,而英格兰与威尔士的大多数公民却负担不起律师和法院的大多数服务。不过也有好消息,如我一贯所言,技术未来会发挥关键作用,克服触达司法的很多日益严重的问题。本章的目的即在于展示信息技术如何发挥作用。

司法触达

弗兰兹·卡夫卡(Franz Kafka)在小说《审判》(*The Trial*)中描绘的情景深入人心。他讲述了一名看门人如何莫名其妙就拒绝了让主人公获得法律公平对待。这个来自乡下的可怜人起初并没有发觉任何问题。毕竟,他觉得,"无论何时，任何人都可以获得法律公平对待"。这样的想法美好，但数年前的研究表明英格兰和威尔士每年大约有100万民事法律问题未获解决。这片法外之地，或者说未满足的法律需求，属于严重的社会问题，概称为"司法触达"的问题。

把思考方位放宽一点，会发现时至今日，一个人最多只能精通法律体系的冰山一角，没人敢说什么都懂。然而，法律又推定我们每个人都懂得任何涉及我们的法律规则。既然多数公民并不懂得大部分法律，又负担不起获得传统的法律意见，情况看起来相当严峻。当人们考虑去法院诉讼的时候，问题表现得最尖锐。在一般人看来，法院过于费时、对抗性太强、程序和语言让人如坠云雾中，这些都让人无法承受。为应对这些问题，1995年和1996年，时任上议院法官、后升任英格兰与威尔士首席大法官的伍尔夫（Woolf）发表了两份名为《司法触达》（Access to Justice）的重要报告，评述民事司法体制的未来。伍尔夫大法官的报告主要关注纠纷解决。自那时起，对很多法官和政策制定者而言，改善司法触达的状况就等于改进纠纷解决方式。

我的思考范围更宽。如果说纠纷解决是追求正义的全部或者绝大部分，那就忽视了司法体制的很多其他价值和作用。我认为改善司法触达的状况不仅仅限于改进纠纷解决方式,还应该包括我所称的"纠纷控制""纠纷避免"和"法律状态改善"。

"纠纷控制"关注如何避免把争议过度升级,既需要控制律师,也需要控制当事各方。"纠纷避免"则是企业法务律师经常跟我提起的:他们指法律风险管理,或者用我的话说,要在悬崖顶上设围栏,而不是在悬崖底下停救护车。我还没有遇到过任何一个正常人——无论是公司总裁还是普通消费者——宁可要律师来妥善处理纠纷,而不要一开始就避免产生纠纷。"法律状态改善"不止于通过律师活动来避免纠纷,还要确保问题发生之前人们就能了解到并利用法律所能提供的种种好处来获得权益、进步和优势。

识别、筛选、服务

谈完上述司法触达的各种维度,我们继续考虑一下非律师的困境,就会发现问题更复杂一些。非律师首先面临的障碍在于:一个不懂法律的人,如何能意识到他需要法律服务。有时这是明摆着的——例如你收到通知函或法院判决书要求搬家;但非律师常常并不知道他们已经面临法律问题,需要解决、控制、避免法律纠纷,或者获取某种利益。这里的悖论是,你得是个律师,才能知道你是不是需要法律帮助。

即使非律师能识别到需要法律帮助,第二个问题是他们如何能筛选出最合适的法律指导,无论是找到合适的律师、其他类型的顾问,还是在线帮助。

第三个问题是法律服务的提供方式本身。人们现在有各种各样的选择,我称之为"多头处理"环境(见第4章)。关于第三个问题,我不觉得传统律所中的传统律师总是最合适的,也未必是客户获得法律指导最经济的来源。由于经济形势不佳,看起来削减法律援助投入似乎不可避免,这将导致法律和法院服务更让人负担不起,更难以获得。找到提供法律援助的新方式成了一个重要和急迫的社会难题,对于普通公民和小型企业尤甚。

在线法律服务

除了由律师提供法律服务之外,还有另一种方法,即由具备专门技能的非律师来给人们提供问题、权利、责任方面的法律意见,这些非律师常常是志愿者。例如,英国"公民意见"(Citizen Advice)服务就是如此,但也由于资源不足而捉襟见肘。另一种方案则是向公民和企业提供在线法律资源,从而公民和企业能自行处理某些法律事务;如果还需要指导,那他们与法律顾问的沟通也会更高效。既然我们可以拥有政府提供的在线医疗指导系统(例如 www.nhs.uk[1]),那为什么不能建个类似的法律类系统?

质疑者应该认识到在线服务如今并不仅仅服务于少数高科技人群。相反,互联网如今已在英格兰和威尔士大多数家庭生活和企业运营中居于中心地位。多数研究表明如今超过85%的英国人是某种形式的互联网用户。剩下的15%当然也很重要,但如牛津互联网研究院的"互联网在英国"系列研究始终指出的那样,这些"非用户"和"前用户"中仅有一小部分"确实找不到"任何人来帮助他们上网。这意味实际上只有不到5%的人群完全处于互联网世界之外——也就是说每20人中还不到1人是找不到别人来替他上网的。这个数字比很多人猜想的要低。

网络法律设施目前有三种主要形式:第一,免费网页服

---

[1] 此网站为英国国家医疗服务系统的官方网站,也为民众提供了很多医疗知识和指导。

务,由各种商业或非营利组织提供;第二,基于订阅的服务,由传统律所提供;第三,其他企业提供的付费服务,提供者包括替代性商业机构、法律出版商等。

那么,实践中,互联网会怎样帮助司法触达,解决我上面提到的这些方方面面的问题? 首先,要解决前面提到的第一个问题,技术会继续发挥作用,协助非律师认定他们需要获取某些法律意见以维护利益。一种方法是让人提交他们的社会和工作方面的利益和兴趣所在,一旦有涉及他们的新法律颁行或旧法律修改,法律提示就会被自动发送给这些人。另一种方法是在线问题鉴别———一旦某人遇到某些不利情况,一个简单的在线诊断系统可以提出一系列问题,根据打钩的选项来识别该用户是否遇到了法律问题;如果是的话,是何种问题。

还有另一种可能性:如第 5 章所述,法律规则将会嵌入到系统和程序中去。用纸牌游戏(Solitaire)[1]打个比方。我小的时候,我们用卡牌来玩这个游戏。用这种牌,红 4 就有

---

〔1〕 此处指一种一名用户即可进行的纸牌游戏,微软 Windows 系统的某些版本预装此款游戏的电子版。

可能放到红5之下。尽管这样做明显违反规则,但客观上依然是能做到的。相比之下,如果你在电脑上玩,你就没法这么做了。如果你想把红4放到红5下面,系统会立刻拒绝该操作。这里的区别在于,电子版本中规则已嵌入系统,不可能不遵守。未来,我预测我们的社会和职业生活方方面面的法律规则,都会用类似的方法被嵌入系统和程序中。这意味着非律师不用再担心如何认定是否需要法律帮助,也没有责任去认定。

最后一种利用技术帮助非律师认定是否需要法律帮助的方法,我称作"法律经验社区"。如果你电脑上的 Windows 弹出看不明白的错误信息,你一定会把错误信息复制到谷歌里搜一下,看看是不是有人已经解释过这种错误信息,并提供了解决方法。法律也可以这样。我相信,本着开源和维基的精神,法律讲演的大型社区将会形成,人们可以从社交网络了解他们涉及的法律问题,而不再麻烦律师。

技术还会帮助客户筛选律师和其他法律指导提供者。如第5章所解释,以后会有在线口碑系统,类似提供宾馆和饭店客户评论的网站,供客户分享与某家律所或某位律师的经历。还有价格比较系统,允许非律师评估法律服务竞争者之间的价格。还会有法律服务拍卖系统——一般不适用于复杂的量身定制工作,而适用于未来可以用多种方式处理的例行和重复性的工作。

至于技术在提供法律服务方面的角色,人们会越来越多利用在线法律服务——而不是律师——来获取程序和实体问题的基本指导。我们日常生活中已经利用了如此之多的在线信息,没有理由法律帮助不能由此获得,尤其是对那些负担不起服务方式的人。同样,用户会利用互联网来生成标准文件,例如基本的遗嘱、租赁协议(见第3章),并从法律经验社区来了解其他的普通人曾如何处理类似难题。

另一种可能性在第10章有详述,即在线法院或在线纠纷解决(ODR)。这是基于互联网解决争议的方法,例如电子调解和电子谈判。

此外,如果有律师和法律顾问愿意利用自己的时间,以各种方式借助互联网提供法律指导,也可以为他们建立社交网络,这不失为另一种可能性。这种非面对面的方式既可以直接提供给公民个人,也可以间接提供给其他顾问人士。

尽管我谈到的不少系统尚未成形,但也已经有运行起来的在线法律服务,例子不可胜数。用科幻作家威廉·吉布森

（William Gibson）的话说，"未来已经到来。只不过尚未全面铺开"。或许在线法律服务尚属萌芽，但假以数年，这些系统将成为帮助人们识别法律需求和筛选法律服务的常用工具，这些系统同时也会实际提供实务指引。这并不仅是一小群互联网爱好者的白日梦。值得注意，英格兰与威尔士法律服务委员会的研究发现，消费者对在线提供可靠的法律协助和意见相当欢迎。

某些在线法律服务的使用方式会"颠覆"传统律所，如第5章所讨论。但与此同时，上述大部分技术也能把法律服务提供给负担不起其他方式的人。我把这称作发掘"潜藏的法律市场"——很多人生活中会无数次遇到需要法律协助并从中受益的时刻，但直到在线法律服务出现，他们都还不能获得法律协助（无论是解决、控制、避免问题，还是获取某些利益）。本书第12章和前文这些观点都支持在线法律服务正在把这个潜藏的法律市场释放出来。

10
法官、技术和虚拟法院

1981年,我还是格拉斯哥大学的法律本科生,就写了关于计算机与司法过程的毕业论文。当时我的兴趣在于先进的计算机系统如何能帮助甚至取代法官的工作。司法和法院技术的潜力和局限一直让我入迷,我也有幸能与英国最资深的几位法官合作,深入思考司法技术问题,这尤其得益于1998年至今担任英国首席大法官信息技术顾问的经历。

法官与技术

法官经常被媒体和小说描写成超脱凡尘的老古板。基于这种看法,你可能会觉得发达国家的司法系统都是由最后一批"新勒德主义者"(neo-Luddite)[1]组成的。事实完全相

---

[1] 新勒德主义者反对使用科技产品,认为现代技术会带来严重的道德和社会问题。

反。大多数与我合作、交流过的法官都是技术的坚定使用者,热衷于使用任何改善他们日常工作的基本系统,例如电子邮件、文字处理、在线研究等。

除了这些初级应用以外,技术会如何深远影响法官的工作?20世纪80年代早期,我得出的结论是让计算机完全取代法官的工作,技术上不可能,道理上也不应该。这个结论至今没有变化。法官审理疑难案件的过程,尤其当需要决断复杂的规则、政策、道德问题时,已经远远超出了当前的计算机系统的能力范围。

不过,我相信本书适用于其他法律人的一些技术和经验依然可被法官借鉴。例如第4章介绍的分解和多头处理的理念,我觉得没有理由认为司法工作不能被分析和分解为独立的部分,并在适当的时候采用其他更高效的方式来处理其中一些任务。

法官们经常告诉我他们需要处理成堆的行政工作,而这些工作其他人可以替他们处理。同时,至少一部分法官出具的文书(例如法院指令)可以标准化。此外,司法系统显然能从文档自动化技术得益,因为文件正式版本会包含不少格式语句,仅用略加修改(见第3章)。

还可以用其他的方式替法官完成初步的法律研究。在英格兰和威尔士上诉法院和最高法院配备司法助理,已经在某种程度上展示了这种替代性。尽管给整个司法系统都配备初级法官助理并不可行,但可选择运用技术的创新方式来共享知识与经验。因此,我呼吁最起码要认真研究一下分解和多头处理司法工作的范围。资深法官们对我的呼吁持开放态度,我期待着这方面的改革。

技术方面,大多数法官能理解的系统都属于"延续性"的(按第5章术语来说)。然而,还有一类系统——在线纠纷解决——可能会挑战传统的司法角色。我会在下一章讨论这种可能性。

令人失望的进展

不少我访问过的国家的司法机关都采用了一般统称为"电子办案"(e-working)的系统,但这类系统发挥的作用大多令人失望。不满之处在于,对于法官日常管理案件和文书的工作,配备的系统尚不能提供充分帮助。

司法体系中"电子办案"这个词具有多种含义。有时这个词等同于"电子案卷",指与某一案件相关的所有文件都以电子方式提交给法院("电子提交"),作为电子材料供法官和司法官员使用。还有一些场合,"电子案卷"不仅包括电子案卷,还泛指工作流程和项目管理(第5章)。不管哪个用法更受欢迎,后者的宽泛定义提示了世界各地法院技术专家"案件管理"的目标:将技术用于工作流程或项目管理,改进标准流程和电子案卷,将其流水线化,从而实现更好的文件管理。

尽管在大多数国家,社会总体技术水平有了显著发展,但过去20年间在电子办案和法院管理方面取得的技术进步乏善可陈。法院大部分工作依然靠劳动密集、繁琐、纸面的方式展开。尽管有一些改善措施(下文将谈到),但如果去英格兰和威尔士法院看一看,会发现工作环境仍然比英国其他普通办公场所(无论是政府部门还是私营企业)的效率和自动化程度更低。全国各地的法官都抱怨系统陈旧、工作方式落后、运行成本高、效率低、时常出错和延误。案件当事人也受其所累,从而使司法系统的声誉受损。伍尔夫大法官在20世纪90年代中期《司法触达》报告中提出一系列的建议,以提升民事司法系统的计算机化程度。几乎没有几条建议实现了。

直到最近,英格兰和威尔士这方面进展迟缓可归结为两大原因:政府与财政投入不足,因为他们不把民事司法当作要务;以及司法部一贯未能成功采购和部署大型技术项目。不过司法系统内部从来不缺乏这方面的远见。历年来,很多有见识的法官、政治家、公务员都表达过用技术改进法院和司法系统的大胆观点。但简单来说,同全球各地都面临的难题一样,远见有余,执行经费与技术能力不足。

不过,我很高兴英国已经看到了新时代的曙光。2014年以来,英国形成了由资深法官、政治家和官员牵头的力量,推动法院机构拥抱技术。2014年到2015年期间开展了不少不广为人知的幕后工作,所以当2015年11月25日英国政府宣布将投资"超过七亿英镑用于法院的现代化和充分数字化"时,很多实务律师还感到吃惊。我当时在推特(Twitter)发文谈了感受:"这一刻我等了34年。"终于,经历了无数因资金不足而不了了之的假开局之后,法院系统更新换代终于得到了严肃认真的承诺。这个改革项目并不仅仅是关于技术的,还有计划削减法院办公场所并把一部分法官工作转移给其他法律官员。但技术确实处于该项目的核心地位,包括建立打通检察系统和法院的平台系统(过去25年间第四次尝试做类似的事情);刑事、民事、家事工作的案件管理系统;整个法院和法庭系统通用的电子提交系统(见本章下文);虚拟庭审(同见下文)和在线法院(见第11章)等很多其他的内容。陈旧的系统将被扬弃,借技术东风的未来法院将被建立起来。

前方的道路

最近英国政府和司法机关联合发布了题为"我们司法制度的转型"的愿景陈述(2016年9月),在这份陈述中正式批准了前述的激进改革项目。尽管该陈述宣告了追求"公正、资源投入合理和人人可触达的法院和法庭系统"的共同目标,但"转型"的具体尚未为公众所知。尽管如此,支持改革一方很容易论证其观点,这些理由也可广泛适用于世界其他国家。

如今法院系统已是陈旧不堪了。太多时候这个系统效率低、运行慢、价格贵、非律师难以理解。如第9章所述,英格兰和威尔士据说每年有约100万件民事法律纠纷无法解决,而司法援助预算削减更让情况雪上加霜。普通人——而不仅仅是富人——是否还能触达司法这一议题出现了重大危机。不仅如此,用成本畸高、火力全开的民事诉讼来解决纠纷,大多数时候根本就是杀鸡用牛刀。

原则上说,如果其他行业能利用的技术优势也能被用到法院,那原本劳动力密集、繁重、纸面的法院系统将会进化成自动化、流水线、基本无纸化的系统,变得成本更低、不易出错、效率更高、更平易近人。然后,高效且装备精良的法院系统,加上对法院运作满意的律师,会提升公众对整个体制的信心。这还会有国际影响力。如果英格兰真想成为世界顶级纠纷解决中心,就必须要建设最先进、最前沿的系统、流程、基础设施。

因此,我们的政府投资技术来支持法院和纠纷解决机制是明智的,而且早该如此了。可以理解,目前政府的当务之急是削减开支,而非增加技术投资。但悖论是,尽管当下经济紧缩,但技术并不是政府的麻烦问题,而是解决之道。技术投入将带来显著的成果:廉价、快捷、合适、广泛的纠纷解决机制。

技术赋能的法庭

除了行政管理和电子办案,技术还能给法院带去什么?首先,即使当事各方齐聚法院之前,有一项技术已经能发挥作用——电子提交,即用电子形式把文书提交给法院。这比提交一大堆纸面材料给法官和案件管理人要方便多了,尤其是如果这些电子版的材料包含互相跳转的链接。过去几年间,电子提交在英国和世界其他一些国家都越来越流行。

然后,在法庭阶段,一种显而易见但远未铺开的技术是法官在台式机或笔记本电脑上随堂记录。还有三种技术自20世纪90年代初期就开始或多或少用于世界各地法院了。第一种是计算机辅助速记(CAT),这种技术可以让法庭发言由速记员记录下来,然后几乎即时转换成文本,显示到法官和其他诉讼参与人的屏幕上。文本显示之后还可以加注解,并构成可检索的庭审数据库。

第二种是文件展示系统,确保庭审中的每个人都能同时看到一个页面——法官只需把相应的文件投放到大屏幕上,就能把整个法庭注意力集中到某一页材料上。无须再等待诉讼各方和法官手工翻到相应文书位置。

研究和经验都表明,用计算机辅助速记和文件展示技术能将庭审时间缩短1/4到1/3。

第三种是电子证据呈示(EPE)。老话说得好,百闻不如一见。律师可以用各种各样的非口头工具来呈现证据,例如表格、图形、图示、图案、模型、动画、场景再现、模拟等。这比仅仅依赖于口头陈述要强得多。展示既可以通过法庭内的电脑显示器,也可以用投影仪放到大屏幕上。这些技术在民事和刑事案件中都可以用——例如,可以用动画模拟预期进度和实际进度对比,来有力展示出工程延误程度,或者用简明的图标而不是繁复的口头陈述来展示复杂的资金流动。

尽管如计算机辅助速记、文件展示系统和电子证据等技术能节省时间和金钱,但这些技术在法院的实际采用率依然极低。不过确实也有一些明显的例外。英国新的最高法院[1]的第二代办案系统具备电子提交、文件展示、实时速记电脑化审理、远程展示证据的功能。此外有些审判庭也有自己的先进系统。可惜,这些只是星星点点的绿洲,英国法庭整体上依然是技术荒漠。

有趣的是,这些系统在公开调查中取得了巨大成功,对此最热切的有萨维尔大法官(Lord Saville)采用了高科技的

---

〔1〕 英国2009年组建了最高法院,取代过去几百年上议院作为英国司法终审机构,故而此处作者称最高法院为"新"。

"血色星期天调查"[1](因为开展该调查能投入的资源相对较多)、大型商业纠纷(因为当事人诉讼预算高)和复杂刑事案件(刑事司法系统历来得到的技术投入比民事司法系统多得多)。

未来,很多法庭会像萨维尔调查的法庭,或者说,也像NASA(美国国家航空航天局)的控制中心。

虚拟法院

如果看得更远,考虑一下法院和纠纷解决的远景,我们必须要解决一个基础性的问题:法院到底是一项服务还是一个地方?为了解决纠纷,当事各方和律师是不是必须要聚集到一个特定地点,当面向法官陈述观点?为什么不用虚拟法院或某种形式的在线法院呢?

---

[1] "血色星期天"指1972年1月30日。当天英国政府军在北爱尔兰第二大城市德里(Derry)枪击平民,致多人死伤。1998年英国首相布莱尔指定萨维尔法官重新调查事件真相。该调查直到2010年才完结,历时12年,支出2亿英镑,成为英国历史上最长最昂贵的公开调查,史称"萨维尔调查"。

一般提到的"虚拟法院",是指允许视频连接进入的普通法庭。这在刑事案件中最常见,因为会有未成年证人或受恐吓的证人;越来越多保释和还押候审案件也开始在监狱和法院之间采用视频连接。一些民事案件中,在英国以外的证人远程作证,同样的方法也用于无法到庭的专家证人。其操作方法是在法庭里设置大屏幕,证人或嫌疑人显示在大屏幕上,这样就节省了时间金钱,也保护了可能受伤害的群体。

早在2010年,英国司法部就发布了一篇虚拟法院方面的报告,名为"虚拟法院试点:成效评估"。报告相当正式地认定了大多数刑事案件的首次开庭完全可以用警察局和法院之间的视频连接完成。在试点中,这降低了从起诉到首次开庭的平均时长,提高了出庭率,还节省了把犯人从监狱送到法院的开销。另外,报告也提出当时采用技术的成本超出了获得的收益。不过,此类系统的成本如今已经大幅下降了。

此外,视频电话和视频会议在社会上用得越来越多——从Skype到"电子出席"(telepresence,类似增强版的Skype)——因此虚拟法院有巨大应用空间。就算不用到正式庭审,至少可以用到庭前会议,这样法官可以待在办公室,而当事各方则远程参与。

未来,律师需要亲自现身法院的情况可能会很少,而虚拟出席将会司空见惯,这也会要求律师具备新的发言和辩护技巧。我不是说虚拟法院在未来几年就会变得无所不在。目前在英格兰的司法机关,虚拟庭审仍然相对少见,但到了21世纪20年代虚拟庭审就会变成家常便饭,对此我毫无疑问。

11

在线法院与在线纠纷解决

在虚拟法院中,法官依然要坐在某种形式的庭审室内,以传统的方法适用法律,其与传统庭审不同之处在于部分庭审参与人用视频方式远程接入,无须亲身到庭。如果在虚拟庭审的基础上再迈进几步,就到达在线法院和在线纠纷解决(ODR)的境界了。这个崭新境界不再需要传统法庭,取而代之的是解决纠纷的全部或者主体过程(尤其是形成解决结果的过程)通过互联网进行。这时"法院"变成了一项服务而不是一个场所。

在线法院

在我写作过程中,对在线法院的探索正在如火如荼地开展。就对民众日常生活的影响而言,在线法院恐怕会超过本书谈及的任何其他创新。尽管加拿大跟荷兰已经先期出现了试点,但英格兰和威尔士目前正在推进的项目可以说是全世界最大胆前卫的。在英格兰和威尔士引入在线法院属于第10章所述政府改革项目的一部分,基础工作来自于民事司法委员会(Civil Justice Council)下属的"在线纠纷解决咨询工作组",本人有幸忝任该工作组主席。

我们的工作始于2014年4月,本组专家们受聘重新审视ODR作为解决英格兰和威尔士小额民事纠纷的替代性方式,评估其潜力和局限。具体来说,工作组受邀关注ODR是否可适用于标的在25000英镑以下的民事案件。当我们开始评估时,虽然欧盟委员会的《ODR条例》(524/2013号)已在2013年7月生效,但大多数律师并未听说过在线纠纷解决,实在令人吃惊。就算听过的那些人也往往心存疑虑。我们预见到ODR可能会威胁一部分诉讼律师的生计,但这并不应阻碍我们追求更易触达、资源投入更合理的纠纷解决机制。

我们的咨询报告首先关注了民众对法院的共同感受,即传统的法院机制成本高昂、效率低下、流程复杂,对于"本人起诉"(当事人不请律师)的小额纠纷来说尤其如此。我们的主要建议是英格兰和威尔士的法律和法庭服务机构(HM-

CTS)应当设立新的基于互联网的法庭服务,叫做"在线法院"(HMOC)。我们提议 HMOC 的服务可以分为三个层次。第一层次是"在线评估",帮助有纠纷的用户把他们的问题归类,识别他们的权利和义务,理解他们享有的选择和救济方式。与我在第 9 章的分析相对应,这个层次有助于"纠纷避免"。

第二层次我们称作"在线调处"。这个层次中,人工调处员会在没有法官介入的情况下迅速、公平地化解纠纷。这些调处员主要通过互联网沟通,他们先阅读文件和陈述,随后通过调解和谈判的方式来帮助纠纷双方解决问题。必要时也会采用电话会议方式。此外本层次还会提供一些自动谈判工具。这个层次提供的是"纠纷控制"能力。

第三层次会有法官介入,通过网络办案。他们是司法机关的全权审判人员,会根据当事人提交的电子材料,对案件的全部或部分作出裁判。法官审理会是结构化在线审理流程的环节之一。同样在线审理会有电话会议的技术支持,未来还可视频接入。第三层次会提供"纠纷解决"。

我们认为这种在线法院的形式能带来两大优势:提高司法触达率(司法成为费用更低、更便于使用的服务)和显著节省成本(无论对当事人还是法院)。我们特别强调在线法院并非科学幻想。基于互联网的纠纷解决已经在英国私营领域运作起来了,加拿大、荷兰、德国等国家也有了。

在我们报告("小额民事案件的在线纠纷解决")的新闻发布会上,时任案卷主事官(Master of the Rolls)的戴森法官(Lord Dyson),即英格兰和威尔士级别最高的法官,称我们的报告是"民事司法体制历史上激动人心的里程碑"。

对我们报告的反馈总体上十分积极。HMCTS 称赞报告"重要并引人深思",看起来有意继续推进。律师协会(Law Society)[1]说报告是"激动人心和有趣的提议,显然需要进一步的深入思考"。大律师公会(Bar Council)[2]的态度更为谨慎,提醒"我们必须警惕是否创设了过于简化的机制"。他们接着说,"如果陷入复杂纠纷的人民发现他们被强行塞进了某套机制,而这套机制被设计来快速解决问题,即使代价是

---

[1] 英国律师协会是英国事务律师(solicitor)的职业协会,事务律师的主要工作不是出庭辩论(但并非绝对不允许出庭)。

[2] 英国大律师公会是英国出庭律师(barrister)的职业协会,出庭律师的传统核心工作是参与庭审辩论。

牺牲对相关事实的充分评判",那么司法正义就无法实现。这方面的顾虑也得到一些从业事务律师的支持。但是,我们从来没有建议说复杂纠纷应该通过我们提议的在线法院来处理。如果复杂纠纷被提交到了在线调处员或者法官那边,我们希望他们把案件移交到传统法院去。在线法院未必适合处理所有案件。

我们提建议的时候也得到了英格兰和威尔士高层法官的支持。但我们也提出要想成功引入在线法院,同样离不开有力的政治支持。在2015年6月,我们最终也得到了时任司法大臣(Secretary of State for Justice)迈克尔·戈夫(Michael Gove)公开表达的支持。此前一天,首席大法官托马斯法官(Lord Thomas)也刚刚热切支持了我们的想法。有些质疑者说政府永远不会投钱给法院做这么大一个技术改革项目,但当2015年11月财政部开支审核中宣告英国政府确实会投资"超过7亿英镑用于法院的现代化和充分数字化",质疑者的预言也烟消云散了。到了下个月,即2015年12月,布瑞格斯法官(Lord Justice Briggs),时任上诉法院法官和民事审判副首席,在他民事法院体系的阶段评估报告中支持并发展了在线法院理念,该理念最初由民事司法委员会ODR工作组于

2015年2月提出。到了2016年7月,布瑞格斯法官公布了广受关注的最终报告,其中更加强力地提倡了在线法院,也妥善回应了律师在征求意见过程中提出的很多异议。长话短说,改革正在有序前进。

然而,我们恐怕还不能说律师们现在都已经明白过来并积极支持在线法院的最新规划。确实,反对布瑞格斯法官报告的声音似乎比反对民事司法委员会报告的更强。或许这是因为在线法院的规划现已明确得到了司法机关和政府的双重背书,看起来将稳步落地。有些重要的疑虑也提出来了,比如国家投资的技术项目往往失败,律师不参与法律纠纷解决带来的风险等。

坚决反对的声音并不在意料之外,而且在公开辩论之中确实应被鼓励。不过在互联网时代,很难想象假以时日之后不会有某种形式的在线法院产生。正当的辩论点或许应该是在线法院何种程度上可以替代传统的庭审。对于小额纠纷,我坚信设立在线法院必能拓宽司法触达并降低纠纷解决成本。

同时,还有一场辩论已在酝酿之中:小额纠纷是否甚至应该交给民营在线系统来解决?此类民营服务已然萌芽,在很多尚未建立官方在线法院的国家,这类民营服务可能更快流行起来。一方面,有些人认为民间市场相比政府更有可能提供低成本、高质量的服务;另一方面,其他人坚持政府有基本职责去提供由独立法官主导的有约束力、可强制执行的纠纷解决机制。

高阶在线纠纷解决

世界各地的 ODR 行业人士都乐于见到在线法院项目的进展,其中英格兰和威尔士的法院和政府在这方面的投入尤为令人印象深刻。与此同时,他们也正确地认识到这类规划只是 ODR 的初代设定。确实,自从 20 世纪 90 年代起,ODR 专家就已经在讨论更加高阶的系统了。这些系统的主要特点是纠纷解决的部分过程由系统自身以某种形式完成。

这方面早期被人津津乐道的例子是"网上和解"(Cybersettle)系统。该系统于 1998 年上线,基于网页提供服务。该系统第一版自称处理了超过 20 万宗纠纷,总金额超过 16 亿美元。大多数案件是人身伤害或保险索赔。"网上和解"采用了被 ODR 专家广泛讨论的所谓"双盲出价"(double-blind bidding)机制,即原被告双方各自提交可以接受的最高和最低和解金额。具体数字不会向对方披露,但如果两个区间有重合,说明可以达成和解,最终和解金额通常采用重合区间的中间值。

另一种更加复杂的ODR是网上调解。如果面对面的调解实现起来有困难,比如说双方位于异地,或者相对纠纷数额而言,见面成本太高,那就可以采用网上调解。调解是一种替代性纠纷解决(ADR),即不通过法院来解决纷争。与法院不同,调解员作为第三方来达成和解,而调解过程通常是私密的。结合在线工具和调解员,利用电子邮件通信和在线讨论区,就可以通过电子方式来化解冲突,即电子调解。用这种方法,纠纷各方可以通过互联网化解争议,而无须聚到一个房间开会。

易贝就采用了各种在线纠纷解决技术。易贝用户每年要产生约6 000万件纠纷,根本无法想象把这些纠纷放到传统法院去解决。相反,易贝采用在线纠纷解决——快捷、高效、效果总体良好。

英格兰与威尔士司法部也采用了在线纠纷解决。2002年起,司法部开始采用"在线追偿"(Money Claim Online)系统,使得没有法律经验的用户也能追讨欠款,而不必处理复杂表格或走进法院。此项服务涵盖不超过10万英镑的追偿权（例如未偿还的欠款），允许债权人在线请求偿还，跟踪追讨状态，并且如果合适的话，请求裁判或执行。债务人也可以采用这个在线系统。据说该系统每年处理超过6万宗案件，这样的处理能力超过英格兰和威尔士的任何一个郡法院。

不过即使这些更加复杂的系统从技术角度看也尚处于初级阶段。到了21世纪20年代，我预计在线法院和ODR服务会采用远程技术，也就是说将会广泛采用先进的视频接入方式，这会更利于法官和调解员与当事人实时沟通。未来也会有基于人工智能的诊断工具来帮助当事人解析案情，还会有对法院过往行为进行统计分析的预测工具，帮助当事人预判他们案件可能的结果。再激进一点，融入博弈论的精神，有些系统将对谈判解决方案提出双方都可接受的具体建议。另外民营领域必定会采用众包技术，由社区群众对案件给出评判，而不是个人法官来决定。

公正审判？

不过，有人可能会觉得虚拟法院、在线法院和高阶ODR

会威胁到一般大众理解的公正审判。例如,刑事受害人及家属,或者民事纠纷中的受害方,可能会觉得缺了当面审判对受害人不公平。技术解决方法可能没法提供传统程序一样的终局感,而有些人认为终局感是司法过程的核心之一。再说大一点,是不是诉讼参与人失去在法院审理的机会了?答案既是也不是。如果当面审理是为了追求公开审判,那在线法院虽然省钱却无法达到同样效果。但是,如果虚拟法院、在线法院和高阶ODR解决纠纷更高效,甚至快过任何当面审判的合理时间,那这种效率或许可以抵消不能本人过堂的失望感吧。还有一点非常重要,我们或许可把技术解决方案仅限于庭前会议,而把大部分最终审判以传统方式进行。

有人还有其他顾虑——他们认为审判必须在对公众开放的场所,因而任何违法行为能被公开宣告和谴责。ODR的支持者们认为在线机制将会逐步提供更高而不是更低的透明度,因为法院的审理过程和裁判会以各种方式在互联网上一目了然。有趣的是,如果对虚拟法院和在线纠纷解决的公开性有顾虑,那同样也应该要求对当面庭审和过堂进行电视或广播直播,因为这会大大提升审判的公开程度。这已经发生了——英国最高法院的庭审已通过"天空新闻"(Sky

News)网站直播。

至于裁判结果是否公正,我没看到明显的理由可以认为法官或者在线调解员会不够公正、独立,仅仅因为他们没有和全部或部分当事人、证人或律师身处一个屋檐下。当然,从公平正义出发,关键是在线作出的裁判结果要和传统审判的结果一样经得起推敲。不要把在线法院服务看作是"经济舱"而对质量打折扣,却为承担得起传统法院诉讼的人保留"商务舱",认识到这一点至关重要。不管怎么说,如果一项服务费用更低、效率更高、更方便和更易于理解,未必就能说这是次等服务吧。

还有其他很多值得讨论的问题。远程获得的证据是不是可靠可信?如果证人作证时不能在法庭直面他们,会不会对法官、陪审团、律师办案不利?如果能采用三维特写视频,投放到大型高清显示器,能不能改进审查结果?在虚拟审判中,律师应该在摄像机那边和客户在一起,还是在法庭这边和法官在一起?如果远程作证的过程很可能不如身处法庭那么令人生畏,那基于远程作证的证明力是不是同样可信,作出的判决是不是同样权威和严密?

再进一步,顺着朱迪丝·雷斯尼克(Judith Resnik)和丹尼斯·柯蒂斯(Dennis Curtis)在经典著作《代表正义》(*Representing Justice*)的思路,如果法律的主要象征之一——法庭——被取代了,这会如何冲击公众对公平正义的理解?精心设计的在线法院是否会成为纠纷解决更包容的新时代象征?虽然今天的政策制定者和舆论领袖恐怕还觉得虚拟审判、在线法院和高阶ODR稀奇古怪,但他们中几乎没人成长于互联网时代。对于下一代人来说,在线工作和社交将会是基本习性,他们的想法或许全然不同。确实,对未来的客户而言,虚拟审判、在线法院和ODR能共同推进司法触达,提供其他渠道均不可行的纠纷解决方式。

对于前面提出的那些问题,给出确切回答的时日尚早。无疑,我们还需要更多实证研究与分析。但是,目前看来并没有无法反驳的论点,没有不可逾越的法律或原则,要叫停不断推进的法院计算机化。

再宏观一点说,批评者们拿在线法院、ODR和某些理想化却客观上昂贵到无法承受的传统法院服务相比较时,不应轻易下结论。正如伏尔泰(Voltaire)会毫不犹豫地指出:"追求完美是恰如其分的敌人。"应该拿来对比的是我们如今的现实情况——司法体系已经过于昂贵、效率低下、对非法律人来说难以理解,以至于排挤掉了很多有合法主张的诉讼需求人。不管谁在付钱,我们都必须要找到一条出路来拓宽司法触达,降低仅仅因为案件标的小但诉讼成本高而被排斥掉的司法需求。我们相信在线法院和广义上的 ODR 或许就是这样一条出路。

因此我预计在线法院和 ODR 会成为根本改变传统诉讼参与人和法官办事方式的颠覆性技术。从长远看,我相信在线法院和 ODR 会成为解决一切纠纷的主流方式,例外的仅是最复杂和高价值的案件。

12
回顾《法律的未来》

本书并不是我第一次尝试对法律本身和法律服务未来20年作出预测。1996年我写作《法律的未来》一书时，就已经敢放胆直书了。我还记得那时候写下2016年的远景，感觉还是遥远的未来，谁知光阴一瞬而过。不等我们回过神来，2036年也会来到，就算现在想起来仿佛遥不可及。

《法律的未来》出版时，只有3500万人上过网。现在互联网用户已经超过35亿。1996年的时候，英国见过万维网的律师屈指可数，通过电子邮件收到外部法律意见的客户恐怕更少，移动电话则是稀罕物件。亚马逊那时候还没到两岁，谷歌搜索引擎还不存在，更别提什么YouTube、脸书或者维基百科了。想一想那些尚未出现的系统和服务会如何在未来20年间涌现并改变人们生活，既让人激动也令人困惑。

《法律的未来》一书的副标题是"直面信息技术的挑战"。

平心而论,这本300多页的预警书确实在英国法律行业内激起了一阵不安。书里提出了不少当时看来荒诞的想法,比如我建议客户和律师之间要多用电子邮件,比如我宣称万维网会是法律研究的强大工具。当时的法律行业对这些嗤之以鼻。用邮政系统邮寄有什么问题吗?这个人没听说过法律图书馆吗?我理解现实世界的能力都遭到了质疑。

我依然坚持那个时代提出的总体观点。尽管如今回头去看,有些细节略显幽默了——比如书里用了"信息高速公路"这个词,现在看来确实陈旧不堪了。

法律范式的转变

我那本书的核心观点是法律范式(paradigm,现在看有点后悔选了"范式"一词,因为这个词后来被用滥了)将发生转型。所谓范式转型,我是说很多我们关于法律服务本质和法律过程本质的基础假定,会因为技术和互联网的到来而受到挑战,并被其改变。换句话说,很多我们过去当作理所当然的东西,关于律师如何工作,关于非律师如何接受法律指导,都会因为新技术带来的系统和服务而改变。1996年我对范式转型的观点可归结为表12.1。

表 12.1 法律范式的转型

当今的法律范式	未来的法律范式
法律服务	**法律服务**
咨询服务	信息服务
一对一	一对多
被动服务	主动服务
根据时间计费	根据商品计价
限制性	赋能性
防御性	实用性
关注法律	关注业务目的
法律过程	**法律过程**
法律问题解决	法律风险管理
纠纷解决	纠纷预防
法律出版	法律发布
专注法律的专业人士	法律专家和信息工程师
纸质打印	基于信息技术的法律系统

我或许没有完全采用 20 年前完全一样的术语,但我觉得——如果允许我自我评判的话——我当时指出的发展方向还是基本靠谱的。

大体来说,表中第一项和最后一项仍然是最主要的观

点。请原谅我引用自己的话,我曾经把咨询服务的转型总结如下:

> 信息技术最终会促使并激励法律服务改变,从咨询服务转变成信息服务……最终的服务成果是可利用的法律指引和信息服务,其通用性远高于如今法律咨询服务典型的高度针对性的咨询意见。

最后,谈到把纸质打印抛诸脑后,我预测:

> 法律实务和司法体制将不再受如今法律范式下打印和纸质所统治。相反,受到信息技术前所未有的巨大影响,信息社会下的法律系统将会快速演进。

请注意,1996 年的时候,书中的这些主要观点若非惊世骇俗,也不吝于异端邪说。至于其他提到的转变,也与主要观点一脉相承,不妨逐个重新审视一番。

让我们从法律服务"一对一"转变为"一对多"的转型预测开始。很多法律服务展示出两种提供方式:律师把握和复用自身技能和以往范例,或者在线服务内容可适用于很多不同用户。两种情况下,给客户的法律指导都是循环利用的,而非是看起来那样单独处置的。

也有很多人谈到法律服务的主动性,但说的多做的少。懂行的客户说他们的主业是事先防范法律风险,而非事后解决法律问题,合规工作不断增长的前提也正在于要预防而非解决法律问题。一旦合适的技术出现并提供帮助(比如采用"大数据"和机器学习方法来定位出大篇幅合同中的问题点),那时主动性就会成为法律服务的核心。

关于按时间计费,几十年来,评论者一直预言会难以为继。终于,现在确实看起来已经有了稳定和普遍的转向趋势,表现为固定按件计费。律师们可能希望按实际花费的时间来收钱,但客户总是希望事先就知道要付多少钱。到了21世纪20年代,按时收费将不再是市场主流的计费方式。

随着各类法律问题的指导稳定地出现在网上,法律对很多用户来说已经不再陌生了。日常法律对任何识字且上网的人来说已经唾手可得。从某种意义上来说,这也让法律变得不再神秘。随着在线法院很可能投入运行,普通公民和小商业主应该会感到由法律赋予了力量,而不是受到法律限制——未来普通人也会越来越理解并维护自己的权益了。

2016年很多主流律师仍然会对他们出具的法律意见加上不少限定条件,这么做往往是害怕被有些客户起诉,如果客户(尽管根据我的经验这种客户是少数)把外部律师意见当作保险的话。相比之下,尽管有些在线法律服务也附带了免责声明,但多数服务提供方和使用方都没有这么强的防范心理,反而更务实一些。用户们看起来明白网页服务并非人工提供。虽然有些律师曾幸灾乐祸地预言,未来接待被不靠谱的法律技术坑害的客户都会忙不过来,但我并没有看到他们侥幸言中的迹象。

至于关注点从法律转向业务,是说很多大大小小企业面临的问题未必很清楚地属于"法律"问题。相反,法律问题都产生于更大的业务语境,不应该跟大背景分割开。1996年的时候,我预测在线服务很可能会具备跨多学科的属性。如今很多政府和贸易组织的网站正是如此,法律指导往往和会计、税务等指导结合在一起。但是律所律师仍然按照传统法律服务的界限来规划他们的生意和咨询意见。客户对律师在这方面提出显著的批评。

至于法律过程的变化,从法律问题解决到法律风险管理的转变,预示着一个法律问题在需要解决之前就已经化解掉的世界。这一点也关联到被动服务向主动服务的转变。这里我预见到的社会是,通过法律见解的早期输入,法律问题被控制住并避免升级。历史上,这要求人类律师早期给出警示意见。如今,人们对通过网络检索来确认权利与义务早已习以为常了。随着在线法律指导的进步,我们识别和管控法律风险的能力也会越来越强。

另一个相关的变动是从纠纷解决到纠纷预防,如今有了在线法院这个趋势就更明显了。上一章提到了英国规划引入案件在线评估和在线调处,这就是公共领域中试图把法律问题扼杀在萌芽状态的很好例子。这项改革背后的驱动力之一就是尝试把案件从司法判决转到更前期处理,解决过程也往往更友好和便宜。

《法律的未来》出版时,社会上对法律内容难以获取争议很大,对于要付费购买法律文本也非常不满,尤其是里面那些有约束力的法律条文是假定人人都应该知晓的。一场"法律免费"(free the law)运动对推动英国政府免费把立法材料公布在网上起到了重大作用。1996年我写作时,"还会有多得多的材料会提供出来并便于访问",这里的材料既有成文法也有判例法。两个网站证实了这个说法:www.legislation.gov.uk(英国主要立法和附属立法的官方网站)和 www.bailii.org(英国和爱尔兰判例报告的汇总)。不过我们还有继续改进的空间,直到我们有一套普遍可访问的机制来告知公众新立法通过的情况。

最后,1996年我还预测了法律从业人员的变化——并非说单纯从事法律的专业人士会消失,而是会有新角色出现,起码有信息工程师(如今我们把他们叫作"知识工程师",见第13章),他们和法律专家共同打造在线法律指导系统和文档自动化服务。实话实说,传统律师的人数依然会大大超出新角色数量,但法律科技创业企业和主打科技的替代性商业机构(ABS)快速涌现,同时采用高科技的大型会计师事务所和法律出版机构也越来越多地参与法律相关工作,这些迹象都预示着新的行业分工。

潜藏的法律市场

当更宏观地看待法律范式转型,1996年我提出的一个相关观点涉及"潜藏的法律市场"。当时这个说法引起了不少兴趣。我用这个词,意指很多人在社会或工作生活中需要法律方面帮助,可以从法律指导中获益,但缺乏资源或者仅仅缺乏勇气来向律师咨询。正如本章所说,自那时起情况已有很多变化,如今我们在互联网上已经有大量资源,人们确实可以从数以千计的政府网站或其他公益法律服务网站获取到务实、管用的法律指引,还有律师将提供在线法律帮助作为自我营销方式。潜藏的法律市场已经被挖掘出来不少。

总体而言,我承认 20 年前预言的范式转型尚未完全实现,但我认为现在的问题已经不再是"转型是否会发生",而是"转型何时会实现"。我目前预计转型会在 21 世纪 20 年代完成。如果一切顺利,我们离《法律的未来》这本书中的预测,我感觉相距也不过就 5 年光景吧。

第三部分
年轻法律人的前景

13
法律人的新工作

我预测,传统律师在未来社会的地位将会不如目前这么卓著。如果某项工作能由不那么专业的人借助智能系统和标准流程来完成,那客户就不愿意付钱给昂贵的法律顾问了。这不是说律师会整体消亡,但也确实意味着对传统律师的需求会减少。同时,当系统和流程在法律中占据更中心的位置,法律服务也可能出现新的重要形式。如果法律人能足够灵活、思想开放、有创业精神,适应不断变化的市场形势,那他们就可以找到激动人心的新工作。

受信任的专家顾问

不过,在可预见的未来,两种传统律师依然会存在。如果某项工作不能被标准化或计算机化,量身定制的服务就无法避免,那客户依然需要他们"受信任的专家顾问"。这些聪明而有创造力的律师能够为客户设想出新的解决方法,来解决客户面对的复杂或高价值的法律问题("专家"要素)。另外,这些律师不仅能把他们的指导意见自信并完整地表述出来,他们的意见也是针对客户高度定制并量身打造的("受信任"要素)。很多律师会说他们正在这么做。他们会告诉你,他们眼前的工作就要求他们作为受信任的专家来处理。客户不这么认为。最终,当其他竞争者已经能通过替代性的、可靠且更便宜的方式来提供服务,那么继续依靠传统人力方式的律师会很快因为失去市场需求而被淘汰。

增强型实务工作者

市场也依然会对"增强型实务工作者"有需求。这些从业者技能娴熟、知识丰富,但未必是高度专家型的律师。他们不会被要求提供量身定制的服务,但借助标准化和计算机化的现代技术,他们会在演进路线图所示的更高级阶段工作(如我在第 3 章所述)。增强型实务工作者经常会作为受信任的专家顾问的助理,来处理那些虽然需要法律人介入,但又不必是昂贵专家的事务。不过,如前所述,只有市场确实需要法律经验的时候,才会对这些助理人才有需求。

尽管从长远来看,对大多数传统律师的需求会比过去大大降低,但我力劝年轻法律人不要失去动力或丧失信心,因为我相信受过法律训练的人会有一系列的新机遇和职业选择。我在表13.1中列出了10类新角色。我相信还有其他新机遇(可以参见《专业服务的未来》书中的例子),不过我下面列的这些是从本书的分析和观点中能自然推导出的结果。

表13.1 法律人的新工作

法律知识工程师
法律技术专家
跨学科法律人才
法律流程分析师
法律项目管理师
法律数据科学家
研发工作者
在线纠纷解决师
法律管理咨询师
法律风险管理师

法律知识工程师

当法律服务可以被标准化或者计算机化,就会需要更多有才华的法律人来组织海量的复杂法律材料和流程,并对其建模。法律需要先被分析和总结,然后提炼出标准化的工作流程,并置入计算机系统之中。这样的成品可能会是一套独立的在线法律服务系统,也可能把法律无缝植入一个更大的系统或流程之中(参见第5章)。

研发法律标准和流程,在计算机系统中组织和表达法律知识,这当然要求进行法律研究和法律分析。甚至,这可能比传统法律工作有更高的智识要求,因为一般来说创建一个能反复解决大量问题的系统,总比分别解决单个具体问题更为繁复艰难。很多传统律师错误地想当然,以为研发标准和系统是一项初级律师、法律助理人员甚至系统分析师就能完成的任务。如果现代法律业务想要以一流的标准和系统来参与竞争,那就必须要求由一流的法律人来参与研发标准和系统。这些人就是法律知识工程师。

法律技术专家

法律执业和司法活动早已大规模依赖于技术和互联网。既然事实上无法想象法律服务还能离开技术系统,那么让富有经验和技能的人员来帮助跨越法律与技术的鸿沟就变得至关重要。目前,两种人混迹于法律技术的圈子。第一种由主流的技术人员构成,他们闯进了法律领域,尽其所能来理解律师、法院、客户的神秘世界。另外一种，则由对计算机着迷的律师构成——有些仅仅是业余爱好，而另一些则对技术的世界有着更深刻的理解。但总体而言，两者之中的任何一群人都不算是职业法律技术专家。职业法律技术专家需要同时具备法律和系统工程及技术管理两个领域的训练和经验。当技术仅仅是给客户提供服务的附庸时，技术专家和业余爱好者看起来也足够了。但是，我们现在需要一种新的法律技术专家，他们要具备将法律职业带入 21 世纪的能力和资历。仅仅向律师解释技术问题和向技术人员解释法律问题的传话人，已经不够用了。我们需要一群自给自足的法律技术专家。他们对现代社会将有深远影响——他们会建立法律服务的基础设施，以及非法律人接受法律服务的渠道。

跨学科法律人才

未来的法律人需要多样化，才能在业内生存。如果认可传统服务方式会缩水，那么我期待法律人会拓展他们的能力基础，变得更加跨专业。很多律师已经号称他们对其他学科有着深入了解，并开始担任例如战略咨询师、管理咨询师、商业顾问、市场专家、交易经纪人、组织心理学家等。经常只需略加查考,就不难发现他们的经验来自于学习了一门简易课程,或者翻阅了一本入门教材。尽管一些律师可能高估自己,但一般来说,不大可能在72小时之内就掌握一门新学科。律师们大多智力高超,我不怀疑他们有能力拓展他们的执业领域,成为一流的综合型顾问。但是,如果商业律师也想成为战略咨询师,如果公司法律师也想成为交易经纪人,如果家庭法律师也想成为心理学家——我当然强烈支持这样的多样化发展——这些法律人就必须要主动接受相应的完整和严格的训练。未来跨学科的法律人才将接受严格教育,成为相关学科的真正专家,再为客户提供法律服务以外的重大价值。

法律流程分析师

我已在本书(尤其第4章)中详细阐述了如何将交易或纠纷分解成相应的组成单元,再将这些单元分包给不同的提供商。然而,分析一项法律工作,将之分解成有意义且易管理的单元,并鉴别每个单元最适合的服务提供商,这本身就需要很深的法律见解和经验。这不是商业或系统分析师就能胜任的工作,而只能由我称作"法律流程分析师"的人来承担。这种人很可能是公司法务部门的一员,因为公司会期望其内部律师能识别处理法律工作的最高效方式,这样的期望也并非不合理。此外,法律流程分析可以是律所或者第三方(诸如会计师事务所或法律分析外包商)提供的一项服务。现在法律流程分析师还很少,但是市场需求已经显现。与我合作过的大多数大型律所和公司法务部都明确表示,如果有人能对这些机构的核心法律流程进行可靠、深入、严谨且有据的分析,他们会很乐意聘用这样的服务人员。

法律项目管理师

一旦法律流程分析师的工作完成,已经被分解为单元,等待分别处理的交易或纠纷依然需要进一步处理。为了确保多头处理的成功,法律市场会需要我称作"法律项目管理师"的人才。当法律流程分析师完成了工作细则(即分解任务并分工),接下来就是法律项目管理师的工作,把任务单元分配给一群合适供应商,确保他们在预算内及时完成各自的任务,同时监控各单元的质量,监督服务的结果与送达,并把各个任务单元拼合成一项整体服务交给客户。从很多方面来说,这个角色跟工业制造环境中的生产经理很像。

在我看来,法律项目管理师作为一个学科应该基于管理学科的理论和经验,例如物流学和供应链管理。毫无疑问,法律领域会发展出特有的复杂工具和技术,例如"法律供应链管理"和"法律物流学",这些会成为未来法律项目管理的核心课。

法律数据科学家

随着机器学习和预测分析在法律领域的影响加深,行业对于数据专家的需求也与日俱增,他们能熟练运用工具和技术来抓取、分析和处理大量信息。"法律数据科学家"将能从法律资源和非法律材料中识别出关联、趋势、模式和规律。他们同样会是跨学科的专家,不仅掌握相关技术系统也了解法律规范和法律服务。较强的数学、编程或自然科学背景将对这个工作有帮助。

研发工作者

如第17章所讨论的,我们在法律行业正看到的重大变化,意味着未来的法律服务提供者如果希望保持竞争力,也需要像如今的电子消费品和医药企业一样具备研发能力。

设计、开发新型服务和解决方案将会是21世纪20年代之后法律业务商业成功的关键。长久以来,律师都知道要跟进法律和实务的最新动态。"研发工作者"的关注点则有所不同,他们关心如何开发新能力、方法和技术来提供法律服务,本书已经预测了不少新的服务提供方式。研发工作者努力的范围往往是前瞻性的,远远超出实务律师的日常工作领域。考虑到探索性,某项试验中途放弃或未能开展不是也不应被看作是研发工作本身失败。确实,没有失败也意味着缺乏冒险精神和眼界。研发工作者与如今的普通律师相比将是完全不同的一类人。

在线纠纷解决师

随着在线法院和在线纠纷解决(ODR)(参见第11章)作为常见的争议解决机制出现,这个新兴领域将会需要从业人员。这些专业人员既会向客户解释如何以最佳方式来使用在线系统,他们本身也是电子环境中解决纠纷的专家。目前,电子谈判和电子调解服务还处于初级阶段,但我毫不怀疑,有想象力的律师会逐步成为这些系统的熟练用户,创造出种种技术方法,给用户带去便利。诉讼律师可以不在法庭现身就进行工作,甚至都不用出现在远程接入的法庭中。但是,他们需要掌握一套新技能与方法,使得雇用他们参与在线法院和 ODR 的客户,能比仅靠自身取得更明显的优势。新的职业需求还包括电子谈判师和电子调解师,在线纠纷解决过程必然要求他们的介入和裁判。和本章的其他新机遇一样,这些新职业需要的能力将远不止于仅仅懂得法律条文。

法律管理咨询师

很多公司法务部面对各种各样的管理问题(例如规划战略、建设团队、拓展知识和引介技术)。大多数企业法务总监和法务律师对于管理问题知之甚少,不得不寻求外部帮助。如今,一些律所能在各种各样的管理问题上提供指引,但他们大多只能针对具体个案提供帮助。职业管理咨询师是很少介入的。正因为很多律师事务所从他们自身的法律业务经营中获得了大量管理方面的经验,有人建议律师事务设立独立的咨询业务来服务公司法务部门。英国安睿律师事务所(Eversheds)开始了探索,并已获得成功和赞扬。这方面的努力还有其他令人信服的先例:四大会计师事务所最初从审计业务中衍生出了咨询业务；近些年,传统的税务公司也基于税务业务而发展出税务管理咨询业务。

法律管理咨询业务的市场虽然还年轻,但很可能会稳步发展。这种业务并不仅仅是作为律师事务所在其传统服务之外的附加服务,而是其本身就能作为一块独立业务,可以包括战略咨询(例如关于长期规划、替代性外包、组织结构、法务部门的价值链分析、法律需求评估等)和运营或管理咨询(例如律师事务所的选用、服务商池的管理、财务控制、内部通讯、文档管理等)。

此外,有些法律管理咨询提供商也提供法律流程分析服务。我不认为律师们轻轻松松就能提供这些服务。相反,法律管理咨询会成为一门独立的学科。

法律风险管理师

我要谈的最后一类未来法律人,虽然市场急需,但却迟迟未出现。如第 7 章所言,大多数法务总监认为他们主要的职责是法律风险管理。我过去 10 年间对公司法务部门的研究,几乎一边倒地支持这种观点。法务总监对董事会负责,也和董事会一样,强烈希望避免法律问题,而不是解决法律问题。正如前文所言,法务总监希望在悬崖上设一道围栏,而不是在悬崖下停一辆救护车。然而,令人震惊的是,世界上极少有律师事务所认识到了这一点,并开发一套严密的流程、方法、技术、系统,来帮助客户发现、评估、量化、防御、监控、压低客户面对的众多风险。我期待这一状况会改变,而完成这一改变的正是职业法律风险管理师。传统法律服务以应对性为主(我指企业法务律师和律所律师的大多数时间花在应对客户面临的问题上),法律风险管理师是积极主动的(参见第12章对这种差异的更多讨论)。他们的工作焦点是预判客户需求,防控法律问题。他们的重点不是解决具体的交易或纠纷,而是处理客户业务方面潜在的缺陷和威胁。法律风险管理师从事的具体工作包括法律风险评估、诉讼准备评估、合规审查、合同履行分析等。优秀的法律风险管理师会对风险管理这一学科有所了解,不仅能从战略咨询借鉴方法,还会越来越多地借鉴新兴的文档分析技术,如机器学习(参见第5章)。法律风险管理不是律师的副业,它会根本性地改变客户管理其法律事务的方式。最优秀的法律风险经理假以时日,或可胜任公司的首席风险官一职,这个管理角色的职责比法律风险管理师要广泛得多。

波折的道路

把我为未来法律人找出的 10 种新工作加在一起,能为有志于在未来几十年从事法律工作的人提供一套丰富和激动人心的新职业选择。我承认,这些工作大概并不是法律学生报考法学院时会预想到的。但这些工作不仅能激发人的智识,对社会也有重要意义。我认识一些律师,他们刚听到这些新工作时,会觉得不如传统的咨询顾问服务来得高端大气(当一项手工业工作被工业化之后,很多手工业者也无疑会有类似感受)。但我的回答是那些已经开始从事这些新工作的人确实感到既有回报也有挑战。很多人发现他们工作的形式虽不同,但一样为改善法律制度这一更高理想作出了有意义的贡献。

然而,这个故事的情节还有曲折。对于那些热心尝试 10 种新工作的有志法律人,我依然建议先获得传统的律师资格。这可能不是必须的,但我觉得是值得的。不仅仅因为获得律师资格在近期还有用,也因为接触和理解传统法律服务能为新型的法律职业生涯提供有价值的基础。我并不是说法律毕业生如果未先成为执业律师,就不再能成为一流的法律知识工程师或法律项目管理师。但我确实觉得,具备一些主流法律工作的经验会有好处。

正在接受训练的法律人也要积极主动一些,永远要留意能为未来职业生涯增色的机会。我尤其推荐去客户那边借调工作,或在不同的国家工作,也要随时跟进律所的技术进展。

话虽如此,我明白2016年对很多法律毕业生来说,拿到律所的雇佣合同和见习资格已经非常艰难。这就引出了另一个问题:不管你是传统律师还是新的法律职业工作者,谁会是你未来的雇主呢?

14

谁会是年轻法律人的雇主?

持怀疑态度的人可能会觉得我在上一章中列出的未来法律工作有点儿异想天开,尤其因为他们无法想象今天的律所或公司法务部会设立和提供我描述的这些新职位。

然而,现实是一些先进的企业和部门已经设立这类岗位并开始工作了。更大的错误是认为这些新工作必须要嫁接于旧有的法律业务之上。事情可能不会这样发展。更有可能的是,很多新的角色会来自于一系列新的雇主,他们会运营各种各样不同的法律业务。准入放宽(见第 1 章)使其成为可能。很多涉及法律的工作不再需要传统律师的直接介入,社会对这一观点的逐步接受也驱使新型雇主的发展。这不是说,律师事务所不能或不会创设新的工作,只不过这样做会经常扰乱他们的传统业务。由其他的雇主来创设新的职业和岗位则要简单得多。如表 14.1 所示,他们能从一张白纸开始设计他们未来的法律服务战略。

表 14.1　未来的雇主

```
国际会计师事务所
大型法律出版商
法律知识提供商
法律流程外包商
商业街零售商
法律服务租赁中介
新型律师事务所
在线法律服务提供商
法律管理咨询公司
法律技术企业
```

国际会计师事务所的回归

大多数年轻有志的律师不会记得新千年初,会计师事务所对法律市场的那场突袭。其中最有野心的是安达信律师事务所,即安达信会计师事务所的法律网络——安达信当时是世界上最大的会计和税务事务所之一。在其顶峰时期,安达信律师事务所在 30 个国家设有分支机构,拥有约 2500 名律师,以营业额计名列当时全球第九大律师事务所。其规模与声誉均发展迅猛。安达信的品牌效应很强,其跨领域方式也对很多客户有吸引力。它提供了有活力和令人心动的工作环境,在我看来——这或许来自我曾给他们当过顾问的偏见——安达信几乎一定会重塑法律市场。

不幸的是,安达信律师事务所停止了运转。不像一般人所想象的那样,安达信的溃败不在于其战略或商业模式有什么根本性的缺陷。相反,安达信律师事务所的失败是2001年美国巨头公司安然(Enron)崩溃的直接后果之一。由于安达信会计师事务所是安然公司从事各种会计诈骗时的外部审计机构,安然事件直接导致安达信会计师事务所的毁灭,而安达信会计师事务所是其律所网络的上级组织。尽管事后确实出现了一些禁止会计师事务所向其审计客户提供其他的专业服务的新法规,安达信的崩溃并不能说明会计师事务所无法提供法律业务。这一事件后来也有力阻吓了其他正在考虑继续提供法律服务的会计师事务所(尤其是在美国),但这并不是对会计师事务所提供法律服务的全面和绝对的全球禁令。

无论如何,过去几年间"四大"(德勤、毕马威、普华永道、安永)已经开始着力回到法律领域。事实上,他们也从未离开。尤其在欧洲大陆,他们中的大多数已从与税务相关的法律服务中赚得数亿英镑的年收入。准入放宽经常被说成是他们回归法律市场的催化剂或正当理由,确实毕马威、普华永道和安永也已被批准为英格兰和威尔士的"替代性商业结构"(ABS,见第1章)。不过,他们回归的动因更可能是——正如本书所强调的——法律市场蕴含的价值巨大(全球法律市场估值大约8000亿美元),且正处于变动之中。会计师事务所将其视为重大机遇——他们认为他们完全有能力帮助客户解决事多钱少的难题。

不过,他们重回法律市场的战略目前还不甚明朗。有一种观点认为,他们可能不会和大型律师事务所的定制性工作正面竞争。相反,他们可能会成为替代性法律提供商,从法律流程外包、法律风险管理、法律知识工程、技术等角度切入。不管他们遵循何种竞争路线,这些令人敬畏、资源雄厚的雇主们将会给未来的法律人提供一系列的职业机遇。普华永道已经拥有了3500名律师,在90个不同的国家工作。

大型法律出版商

全球最大的两家法律出版商是汤森路透(Thomson Reuters)和里德·爱思唯尔(Reed Elsevier)。这两大商业巨头已从制作传统纸质出版物,进化到提供大型和受欢迎的法律数据库(主要提供一手资源如成文法和案例法)。但是他们也逐年多样化,明显有野心进军法律技术、法律知识工程、在线法律服务等领域。这些公司雇用了大量法律人和软件工程师,他们也是法律行业受信任的提供商,从喧嚣的法律市场中看到了机遇。他们商业上野心勃勃,高科技应用娴熟,切入新市场方面经验丰富。毫无疑问,这些公司未来会是很多法律毕业生的安身之所。我不认为这些公司会提供传统的法律顾问服务,但他们会提供很多上章中谈到的工作。汤森路透的案例很有意思。为了提供知识和研究服务,他们雇佣的持牌律师人数超过绝大多数律所雇佣的,人数仅少于最大的几家律所而已;他们旗下有一家法律流程外包公司;他们最近收购了一流的文档自动化平台;他们还有大量优秀的技术人员。在此之上,他们有能力为未来的法律行业提供广泛的职业机会。

法律知识提供商

法律知识提供商是未来法律人的另一群潜在雇主。他们比大型法律出版商更小巧,也更有进取精神。这一类中最典型的曾是一家来自英国的法律公司,叫做"实务法律公司"

（PLC）。这家公司自20世纪90年代初期创立就开始稳步发展，拥有几百名律师员工，在英格兰与美国有广泛运营。2013年PLC被汤森路透收购。尽管"实务法律"（Practical-Law，公司现在品牌）已经不独立，但我认为类似的知识提供商还会出现。我们甚至可能会看到一些律所内部知识部门被律所管理层收购而独立出来的情况。

知识类企业可以向律所和公司法务律师提供一系列服务，包括法律研究和快讯、市场信息、提供文档模板和实务要闻、操作方法、备忘清单和流程图，以及一些传统的法律图书馆服务。其市场定位是，一旦律所和公司法务部雇了这类服务商，就无需保留自身的图书馆、信息和研究服务，或雇佣专业支持律师[1]。虽然知识提供商并不直接提供法律意见，但他们会从事很多第13章列举的工作。战略上讲，很容易看到他们会进一步发展到提供更全面的法律知识工程、法律流程分析、法律项目管理服务。

另一种看待这些公司的角度是把他们当作替代性法律

---

〔1〕 专业支持律师是指律所内部不从事具体客户服务，为法律研究和知识管理提供支持的律师。

提供商,而律所和公司法务部会分配给他们越来越多分解后的任务单元。随着分解和外包的增长,这些公司商业上也会越来越成功,意味着这些法律知识提供商会需要更多员工。

法律流程外包商

或许新兴的替代性法律提供商中最引人注目的就是法律流程外包商(LPO)。这些公司从事日常和重复性的工作,例如诉讼中的文件审读和简易的合同起草。这类公司往往已经在人力成本较低的国家建立了办事处,最典型的国家是印度。然而,法律流程外包商也会在他们客户(律所和公司法务部)所在的主要国家和地区拥有强大的工作能力。

这些第三方外包商野心勃勃,勇于进取,常常很快就从创业企业成长起来。他们不大可能把服务局限在目前的边界内。因此,我们可以预期,法律流程外包商会运用更严密复杂的流程和系统来承担更困难的工作(而不仅仅是最常规的那些)。如果准入放宽允许,他们也必然会提供那些传统上仅属于律所的服务。

即使不如一些过分乐观的评论家预计的那么快,法律流程服务商发展也已经相当稳健了。如第 8 章所言,我预计当法律市场进化到第二阶段时,这种形式的流程外包商将会达到顶峰。但他们中最优秀的那些也毫无疑问会适应市场状况并随之继续进化。

法律服务提供商对未来法律人来说会是有趣而有回报的雇主,尤其是热衷于法律知识工程、法律流程分析、法律项目管理、合规流程外包的人们。

商业街零售商

对于私人客户(指相对于公司的个人),从商业街边的银行或超市获取法律服务可能方便得多,也比咨询传统律所顾虑更少。不仅如此,随着银行和其他商业街边的机构进入法律市场,他们会带来日常工作的标准化和计算机化,尤其是数量大、价值低的工作。这些零售商会成为传统律所(尤其是小型律所)的直接竞争者,尽管律所会争辩说他们的服务更加个人化,因而更好。最终,当经济形势不好时,我估计小型律所会败于价格竞争。

尽管很多律师直觉上觉得新型竞争者会减少对律师的需求,现实是,银行和其他企业提供的法律服务需要由具备丰富法律经验的人来开发和实现。尽管替代性商业机构可能由非律师来出资和管理,他们依然会雇用律师,无论年纪大小。此处和其他地方一样,我们不应该预言不再需要律师,但是需要认识到,未来的法律人可能会受雇于不同类型的企业。这些企业可能是知名商业品牌,也可能是保险公司(包括法律费用保险人)、金融咨询公司、当地会计师事务所。

法律服务租赁中介

另一个快速涌现的法律人的潜在雇主是法律服务租赁中介,他们把自由职业的律师介绍给客户。这就好像出租律师,这类企业最有名的例子是公理。这是一家跨国企业,成立于美国,为不想受雇于传统律所或公司法务部的律师提供了不同的职业道路。有些律师——例如那些有低龄子女的律师——想要工作的灵活性,比如说一年工作6个月左右,公理提供了一个安身之处。他们建起一个大型的临时律师库,这些律师可以基于一个具体合同或项目而工作。对于客户的吸引力在于公理的律师可以纳入组织内部来满足迫切的需要,但成本只相当于传统律所的一半左右。

如我在第4章提到的,有一些律所也在传统业务之外设立了类似服务。尽管平行提供这些廉价律师看起来会冲击律所的传统服务,但正如我提到"冲击"时的老生常谈——如果冲击必将发生,你应该想要分第一杯羹。因此,有进取精神的律所会看到机遇,用创新方式来利用律师的法律经验。对于既有资质又想要生活节奏灵活的律师,这些法律服务中介会成为日益重要的雇主。

新型律师事务所

新型律师事务所也在这个变革的年代初露端倪。这些法律服务机构,比如"河景律师事务所"(Riverview Law),他们的拥有者开始从头建设他们的律所,摒弃了传统的商业模式。

新型律师事务所并不想重复金字塔形的利润结构,或者按时间计费,或者在市中心昂贵的写字楼里工作。相反,他们的日常费用很低,鼓励在家工作,有获取资源的灵活模式,创造性地使用技术和知识管理,把后勤职能外包出去,雇用法律助理——这一切使得他们能向客户收费更低,却依然能盈利。这些新型法律企业可能不能提供升往合伙人的传统职业道路,年轻律师的收入也可能无法像在顶级律所那么高。但是他们会提供令人激动、充满活力、积极进取的环境,很多未来的年轻律师能在其中茁壮成长。有些年轻律师头脑中已有法律服务可能如何变革的理念,这些律所会是他们实现理念的序曲。甚至,这些律所可能会接受训练新律师的创新方式。

和新型律所对话不同于与传统律所沟通。他们不会那么墨守成规,他们更灵活。我也期待他们更乐于接受年轻(无论是年龄还是心理)律师的想法。

在线法律服务提供商

对于乐于以法律知识工程师为业的年轻法律人来说,一个自然的安身之处就是在线法律服务提供商。无论是提供在线意见、在线制作文书,还是在线纠纷解决,这些工作都是分析和分装法律,使客户(消费者或企业)能不用直接面对律所就可以接受法律意见和服务。不过,需要深厚的法律专业知识来设计这些系统和服务,未来很多法律毕业生和年轻法律人会在这些业务中找到工作。

目前在线法律服务商还处于初期。但是不难想象,在一个互联网时代他们会有相当大的吸引力。其中的职业机会变化万千,例如大型企业会需要改变复杂交易中的文档的制作方式,也有慈善机构会努力通过第 9 章中讨论的方式来增进法律援助的方式。

法律管理咨询公司

一些传统咨询公司和一些专门的法律咨询企业,也会为未来的法律人提供职业机会。例如,这些企业会专攻某一领域,例如法律流程分析、法律项目管理、法律风险管理,也包括对管理和维持内部法律职能的最优方式提供咨询意见。这些专攻领域可能看起来不像很多年轻有志的法律人刚开始法律学习时设想的那样,但他们依然会成为法律市场和客户利益的核心部分。

尤其是,对法律流程分析师和法律项目管理师的需求会大大增长,从而在这些领域学习过课程或有过实践经验的年轻法律人会发现,他们比那些只能聊法条的人更容易找到工作。

律师经常用轻蔑的口吻谈及管理咨询师。诚然,很多自称咨询师的人其实不如他们所称的那样能力高超或经验丰富。但确实有一群非常值得尊重和令人印象深刻的管理咨询师,我大胆揣测他们的方法和技术未来会被很多成功的法律企业所采用。

法律技术企业

20世纪80年代中期,我刚完成关于法律和人工智能的博士研究,如果那时有了法律技术企业,那我一定毫无疑问就会被吸引到其中一家去。现在全世界已经有了超过1200家法律技术创业企业。毫无疑问很多不会活到最后,但目前已经有了各种各样的独立法律技术企业,比如Modria、Neota Logic和Kira,他们都在稳步拓展激动人心的新产品和服务。这类企业正是会颠覆法律市场的那种。这些企业正在努力对法律实现类似亚马逊对卖书的改造,这种想法或许有点夸张,但如果你作为年轻律师也有这种冲动,那么加入这些法律技术企业或许会让你如鱼得水。

你的第一份法律工作

如果当前的趋势继续发展,法律学生可能发现作为年轻律师在传统律所求职变得愈发困难了。如我在上章所言,如果你正要(包括接下去5年左右)从法学院毕业,我依然倾向于建议你先向律所或公司法务部求职,从而完成训练并取得律师资格。万一你做不到——这是我的核心观点之一,我也希望是一个积极的观点——有很多其他的法律服务机构可能会很有兴趣给你工作,如本章前文所述。除此以外,如果你已经取得律师资格,并正探索律所以外的选择,那么很多激动人心的新企业和新选择正在涌现。

15
如何训练律师?

近几年世界各地的法学院一直被批评,其录取的学生人数远远超过了律所和其他法律职业所能录用的数量。以美国为例,布莱恩·塔马纳哈(Brian Tamanaha)2012年就在《法学院的衰落》(*Failing Law Schools*)一书中尖锐地指出了这个问题。他指出,政府此前统计数据显示直至2018年以前,每年只会出现25000个初级律师的岗位,但法学院却每年制造出大约45000名毕业生。虽然具体数字有了变化,但美国法学院过度制造毕业生的大趋势没变,而且这种不均衡在很多其他国家也都能看到。

对于那些为法学教育承担了巨额贷款的法律学生来说,他们大失所望是可以理解的。几年前,一些学生已经想把法学院告上法庭,要求退还学费,赔偿损失。他们说法学教育产业是一场现行诈骗,把一代法律学生逼进可怕的财务窘境之中。不过时至今日,学生们恐怕很难论证他们受骗了,因为这个问题早已众所周知,进入法学院的未来律师已经知晓或应当知晓大趋势了。

话虽如此,我依然对他们深感同情。2016年上半年,我在一所美国顶级法学院课堂上谈了关于法律服务的未来,课后一位同学对我说:"我欠了差不多50万美金的学生贷款,而如果据你所说,法学院并没有教对我东西。"这正是我在本章所关注的:法学院是不是真正教了应该教的东西。我担心这些教育机构是否能够让法律学生对未来的法律市场做足准备。

就此而言,我虽庆幸过去30年来最为深入的"英格兰及威尔士法律教育与训练检讨"恰逢其时,但2013年,其发布的检讨报告基本并未阐述未来法律市场可能需要何种法律教育和训练。报告谈了一套很详细的模式,但在我看来无非是优化了传统律师的训练方式罢了。(我在检讨项目中担任了无足轻重的顾问,遗憾未能说服项目主要研究者接受本章的主要观点。)

一些预设与关切

这里不适合对教育理论和法律进行详细评析。不过,对于现在和未来训练律师的观点基于一些预设与关切,我觉得最好明确说明。

第一,我预设法律是一门其本身就值得学习的学科。当然,大学里的法律教育方式存在不同,比如在英国和美国,前者的法律教育是学生的第一个高等学位,而后者的法律教育通常在后本科阶段进行。因此,美国的学生在学习法律时更有可能明确志在以法律为职业。

当法律作为本科教育时,学习法律本身就可以是极为激发智识的——法律是人类最伟大和繁复的建构之一,是一个完整的知识系统,为人类的秩序和行为提供了框架。学习实体法律规则很有趣,但沉浸在诸如法理学(泛指法律哲学)和民法(罗马法)之类的科目也能带来学科本身智识追求上的巨大满足感。认同研习法律本身会带来满足感,并不全然是说法律学位应当只追求理论,也不是说法律学位学习中不能接触法律实务,不能了解法律职业,或者不能掌握一些实务必需的关键技能。

第二，我预设无论最后是否以法律为业，研读法律学位而得到的训练都会是有用的技术和经验。历史上，很多学生选择会计学为入门，来学习商业界的职业生涯所需的各种技能。但是法律训练也能极有价值——不仅因为法律毕业生掌握一大堆的规则，也因为一个好的法律学位给他们带来的智识之严谨、分析之清晰、语言之周密、批判思维之强、从事密集研究的能力、公开讲话的自信心。

第三，我也对以大学和职业资格考试为形式的法律教育表示关切。尽管这样的法律教育能足以使人获得律师资格，但相比其他一些受尊重的职业所需要的教育，法律教育并不那么苛刻。我考察过医学、建筑学、兽医学，这些总体上都需要更长时间和更加艰巨的课程学习。虽然在大学里和职业资格考试中学习法律并不能说轻松，但是学习法律确实时间更短，获得律师资格也似乎比获准进入其他一些重要职业更容易一些。

最后一个问题是，法律行业的学术和实务分支并未充分融合。例如，我考察过伦敦最好的几家教学医院，结果令人钦佩，也令人有点羡慕。在一个屋檐之下，一位医学教授能在同一天既治病救人，又训练年轻医生，还从事研究。在欧洲大陆,大学法学教授同时从事法律实务工作的传统更强。但是在英格兰,以及很大程度上在美国和加拿大,法律实务工作者和法律学者简直存在于两个世界。在某些国家,两边甚至还存在不健康的互不尊重态度:实务律师把法律学者看作是象牙塔里与真实世界脱节的理论家,而法律学者则把法律日常实务工作看成仅仅是商业行为,而非着眼于规则条文和实体内容的严肃事业。

简而言之,如果你正考虑学习法律,我保证——如果教学得当——那一定是一段激发你兴趣和思考的经历,也会为你未来的人生做好准备。然而,可以批判法学院没能帮年轻学生从事实务工作做好充分准备,这种批评常常来自实务工作者。

我们要往何种方向训练年轻律师?

我对法学院的批判还远未触及一个更为根本性的问题。很多实务律师质疑法律毕业生对律所工作的准备不足。那么,如果毕业生们对现在的法律工作形式尚且准备不足,那按照本书前文的预计,这些毕业生对未来一二十年的法律世界就可谓毫无防备。

必须要问:我们要往什么方向去训练一大堆的年轻律师?这是本书最为根本性的问题之一。我们要把有抱负的律师教成传统的一对一、单干、定制、面对面的咨询顾问,精通单一国家的法律规则,并按小时收费吗?还是说,我们要把下一代律师训练得更加灵活、会协作、懂技术、商业敏感、跨专业,能超越法律和专业的学科边界,能用通俗的商业语言交流?眼下的法学院和职业训练几乎一边倒强调前者而忽略后者,我深表焦虑。更严重的问题是,很多法律教育者和政策制定者甚至不知道还有第二个选择。简单来说,恐怕我们还在把年轻律师训练成20世纪的律师,而不是21世纪的律师。

从另一个角度看,用第13章的话说,我们训练律师的焦点在培育新一代的受信任的专家顾问和增强型实务工作者,但忽略了未来法律知识工程师、法律技术专家、法律流程分析师、法律项目管理师、法律风险管理师等其他职业可能性。

当然,继续让年轻律师具备成为一流的受信任的专家顾问和公司法务律师的能力,这依然重要。但是,如果课程不改变,不拓宽训练面来涵盖那些未来的新角色,同样属于无视学生和他们客户的未来。

在很多法学院,法律教学的方式和20世纪70年代没什么分别。授课的教授们也对正在改变的法律市场没什么见解,也不感兴趣。对于诸如全球化、商品化、技术、商业管理、风险评估、流程分解、替代性分工等现象,经常不会被关注。因此,我再次强调:如果很多英国的法律毕业生对当下的法律工作都准备不足,就更别说应对未来了。

因此,我们是否应该扩展法学院的边界,融入诸如风险管理、项目管理、法律知识管理的科目?已经繁重的法学院课程表,是否应为未来留下一席之地?

未来法律教育的位置

我绝非建议我们应该抛弃合同法、宪法、侵权法等法律核心科目。我也不是说我们应该不再传授法律方法,即如何像律师那样思考,如何梳理和组织复杂事实,如何进行法律研究,如何进行法律推理(演绎、归纳、类比),如何解释成文法和判例法,等等。但是我们确实需要思考,在训练年轻律师的全过程中,我们如何才能更充分地让他们为未来几十年做好准备。

法律学生接受我所指出的那些新学科训练的时间和地

点是可以讨论的。有人提出这种训练可以不在法学院,而通过毕业后课程的形式来进行,例如英格兰和威尔士的法律实务课程和律师职业课程。或许更多的观点是把这些法律新兴领域的密集训练放在毕业后的培训合同、培训生或其他合同或学徒阶段来完成。

法学院绝不能忽视未来法律实务工作的方式,这在我看来是清楚的。如果法学院这么做了就是玩忽职守。他们能有任何理由来对在线法院、文档自动化等视而不见吗?

因此,我建议应该至少在法学院(贯穿教育各阶段)向法律学生提供一些选修课,先来学习当下和未来法律服务行业的趋势,再学习一些21世纪的关键法律技术,以支持学生未来的法律工作。我不觉得这对法学院是过于繁重的负担。我想,法律学生既然向法律教育机构付了学费,就应当可以对课程提出的合理需求。越来越多的证据表明,需要法律职业群体拓展其传统服务到法律风险管理和法律项目管理等领域。我的主张不过是:在提供法律教育的各个阶段,学生应该有选择和机会来学习他们的未来,并接受新技能和新学科的训练。

让实务工作者来讲授这些选修课就不错,既能让学生感受到市场不断进化的经验,也能鼓励法律行业的学术和实务分支互相交流,相辅相成。我相信这些课程会很受欢迎。

我还对全世界的法学教授有一个迫切的请求:关注一下法律服务的未来,研究一下行业趋势(可以通过法律社会学方法),让学生接触一下可能的未来,(用加拿大某法学院院长的话说)不要做"传统的前沿"。世界各地的法学院应该跟随创新家的步伐,例如迈阿密大学法学院(他们的"法律无边界"是一个令人激动的半虚拟、国际化项目,旨在改变法律教学和实践的方式)、哈佛法学院(他们的"法律职业项目"令人钦佩地融合了学者与实务工作者,他们共同参与教学、研究与协作)、乔治城法学院(有"钢铁技术律师"竞赛)和芝加哥肯特法学院(其"触达司法和技术研究中心"提供10周的暑期研究项目),斯坦福大学也有两个相关项目(法律专业服务中心,还有CODEX项目可供法律信息学专家参与)。

非常遗憾,我不得不说英国还没有一家法学院能自夸有专攻法律技术或者研究未来法律服务的机构。英国法律学术界默认的法律实务概念远远落后于法律实务界关于未来法律服务的主流观点。如若置之不理,法学院自我改变恐怕要等到猴年马月。我估计只能让律所和企业法务部同法学院更紧密合作来影响法学院。

英国这方面一线曙光反而出现在最新高中法律课程的大纲草案中。大纲中的一门课涉及法律服务的变化和趋势、技术和全球化的冲击,以及在线法院和在线纠纷解决。

最后,本章的思考也为一个老问题提供了新角度:"如果我想要成为律师,我该在本科阶段就拿法律学位吗?"我这里不提供明确的回答,但是我可以看到,因为未来的法律服务会越来越多借助其他领域,现在比过去有更强的理由在开始法律生涯之前,首先学习例如管理、计算机科学、系统分析等其他学科。

16
取代过时的训练场

我在会议上发言时,不可避免会被问到未来年轻法律人要如何学习他们的专业。这里的问题是,我预计一大堆过去由年轻律师处理的日常和重复性的工作会很快被以不同形式外包出去,无论是给法律流程外包商、法律助理、技术,或其他。如果年轻律师用来练手的基本法律工作都要交给其他人了,年轻律师怎么才能起步成为专家呢?

训练问题

对于支持替代性外包的人来说,这是一个重要但不致命的问题。这不致命,部分因为对大多数客户来说这不是他们关心的问题。本质上说,这是一个训练问题——替代性外包要求律所重新思考他们训练律师的方式。大多数客户如果有选择,他们会从已经彻底改革训练方式的律所获得更低成本的法律服务，而不选择那些看起来坚守旧有训练方式律所的高成本服务。

问题的根源是，因为所谓的"人才争夺战"，很多律所用很高的工资来吸引最优秀的毕业生。但是，不管这些培训生和有抱负的年轻律师如何优秀，他们在律所最初几年的价值更多在于他们未来的潜力，而不是他们给客户提供的实际服务。直到2006年，行业潜规则是大多数客户为律所训练优秀年轻律师买单。律所对这些初级律师的工作收取很高的小时费率，即使不少工作是流程化的，而且年轻律师们在利用工作的机会来学习。他们虽然可能学得很快，但是他们缺乏足够的经验和专长，来证明律所向客户收取的费率是合理的。如今，时局更加艰难，当客户需要以更低成本换取更多法律服务时，如果新手律师还用客户的交易或纠纷来磨炼专业技能，客户们可能不会再容忍为这些时间付费。

数年以前，当我考虑这些问题时，决定访谈几名律所初级律师，以确认他们对这一难题的态度。我面谈了一些优秀律师，其中一些正为准备诉讼而审阅无数的文件，另一些在为大型交易项目做重要的尽职调查。我问他们，如果他们正在干的这些活儿被外包到（比如说）印度，如何才能磨炼他们的专业技能。他们一致答复我说,他们只需要几个小时,而不是几个月,就能学会如何搞定那一叠一叠的文件。说得更露骨一点,我们不应该把训练和剥削混为一谈。让年轻律师做日常法律工作,并说成主要是为了磨炼他们的专业技能,这是虚伪的。其实,把活儿派给年轻律师是支持律所营利能力金字塔形模式的支柱之一,这种形式直到最近之前几乎不曾被挑战过。

无论如何,让优秀的年轻律师花上几个月时间来干基本上是行政工作的活,还说这是他们成为专业律师的必经之路,这怎么说都不是显而易见的。更多证据表明,年轻律师是通过在实践中与法律专家紧密合作并观察他们而习得法律专业技能。

尽管如此,我确实认识到某些可以外包的工作能提供一些有用的训练。但是客户现在不满意他们需要支付律所年轻员工的培训费用,对此律所会如何应对,还远未明了。尽管对很多律所来说很困难,一个可能的选择是不再向客户收取初级律师和年轻律师的费用,直到他们真正带来相应的价值,尽管这会直接降低那些依赖于金字塔形结构的律所的收入。对年轻律师来说也可能有两种后果。第一,除了顶级精英,年轻律师的早期收入会比过去在律所要低。第二种更有可能发生,即律所仅会雇用少量的优秀年轻律师。这并不必然意味着年轻律师整体上会更难找工作,因为律师们会有新工作和新雇主(参加第13、14章)。但对于法律毕业生来说,这确实看起来具有威胁性。

反思法律训练

除了让他们干相对简单和日常的法律工作,还有其他方法训练律师吗?

如果律所确实想要致力于培训,我建议未来训练应当基于三大基石。首先,回到学徒制模式的某些改进形式。一旦年轻律师拿到纸面上的资格,研究和经验表明,与有经验的律师肩并肩工作的学习方式效果很好,能激发年轻律师的潜能。他们可以学到如何从书本上的法律转到实践中的法律。如果一位年轻律师能和资深实务工作者共用办公室,或者在公共区域共同工作,他们就能直接观察和学习到与客户沟通并提供服务的有效方法。这种模式在大型会计师事务所已实施多年且效果良好,如今律所也在逐步尝试了。相反,如果他们大多数时间都只和其他年轻律师以及一大堆文件待在一起，他们就更难观察和吸收实践中的最佳做法。

其次，尽管大量工作被外包到公司以外，年轻律师还是可以同时处理一小部分这些工作。一方面年轻律师可以从中学习技能，另一方面这可能也是对外部供应商进行质量控制的方式。和过去不同，律所需要承担年轻律师进行这部分工作的成本。

最后，年轻律师应从已有和正出现的电子学习技术中获益。最先进的学习技术已极为强大，这不止于在线听课（当然在线听课本身就有帮助），还包括在线模拟法律实践和虚拟法律学习环境。法律业界采用的技术应当不限于办公自动化和客户服务，还应该拓展到教育和培训我们的年轻律师。

电子学习和模拟法律实践

大多数当今的资深律师和法官接受法律教育的时间都早于个人电脑出现之前。一天的生活无非是上大课、参加讨论班，然后用数不尽的时间泡图书馆。很多时间花在记忆大量判例名称和法条章节，以及对这些规则意义的整理归纳。这一切不应不加批判就被未来提供法律知识和实践课程的法学院全盘接纳。

拿传统的一小时大课来举个例子。基于成本以及大课教室中实际发生的情况,现在已有令人信服的观点指出,应当少安排传统的真人讲课,除非讲课人非常优秀,能使大课变成令人印象深刻的社交和教育体验。英国传统法律大课的现实是,讲课人往往并不是优秀的演说家(甚至也没有任何这方面训练)。一些教授表达不清,四处游走,另外一些教师只是逐字念稿,很少有大课能给人以启迪,难怪上座率低。这个现象在全英国无数法学院到处可见。这既浪费资源,又不足以教诲学生。没有任何原因不用网络授课来取代这些四处踱步或者照本宣科的人,网络授课人可以是优秀和善于启发人的演讲者(从全国各地遴选),并通过网络播放他们的授课。任何访问过 TED(http://www.ted.com)的人都会知道一段网络演讲能何等震撼人心。此外,真人讲课也可以通过实时网络直播来实现,学生可以始终参与并讨论。

2009 年,我被要求对英国法律学院(College of Law,如今已改名为 University of Law,即"法律大学")过去 5 年的电子学习进行回顾总结。我发现电子讨论班与在线指导已经改变了法律学生对该学院法律实践课程的学习体验。学院开发了超过400门"电子课堂"(i-tutorials)——由法律专家录播讲授的网络视频,侧边还配有幻灯片演示。学生发现这些小型课堂非常方便,它们可以在手持设备和笔记本电脑上暂停、播放、重播。学院还更进一步开发出一对一指导,由导师通过网络辅导而不是两人坐在一起。我称这番创造为"电子牛津剑桥"——很多传统辅导系统的优点(学习压力、启迪引导、个人专家导师的关注)被保留下来,并通过可行且经济的方式实现了。

在线授课、电子课堂、虚拟指导仅仅是未来法学教育的一部分。保罗·马哈格(Paul Maharg)的前沿工作已经带我们超越第一代电子教育形式,他在《变革法学教育》(*Transforming Legal Education*)一书中描述了一个基于模拟训练和基于实务学习的世界。他在斯特拉斯克莱德大学的研究生项目"苏格兰法律实践文凭课程"中率先尝试了这些方法。他设计了一个虚拟的城镇,叫做"阿德克洛奇"(Ardcalloch),法律学生可以在其中的虚拟律所扮演律师的角色。跟网络游戏"第二生活"(Second Life)有点像,学生实践法律——模拟真实的法律交易和纠纷——而有经验的律师则在虚拟环境中扮演客户与法官。所有设施都在线提供:虚拟办公室、各种机构、职业网络,并有各种文档资源来体现真实性,包括新闻报道、照片、遗嘱、存折、广告。我毫不怀疑学生沉浸在这样一个虚拟工作环境中,伴有实务律师的参与和支持,其学习经历会受益更多,记忆更深刻。这比少人问津的大课和无人参与的讨论班要好太多了。

这些电子学习技术只会变得越来越强大——模拟辩护、文件起草、客户会议、谈判、文件审阅、尽职调查,还有其他很多,都会更多借助网络实现。用这些方法训练年轻律师,远比让他们陷入无边的文件堆或判例书要高效得多,超越程度无法估量。这些方法会很大程度上弥补替代性外包造成的训练缺口。

17

给雇主的问题

本章内容的着眼点有所变化。如果你是有抱负的年轻法律人,想要申请一份新工作,在累人的面试结尾,你不可避免会面对这个问题:"你还有什么问题想问我们吗?"我希望给你一些问题以供应对。如果你是年轻律师,正在考虑你现在的律所是否值得你长期投入,我也把这些问题推荐给你。注意,当律所聘我担任外部咨询师时,我也会向律所高层提出类似的问题。这些问题都是为了判断一家机构如何展望未来,是否志在变革。

使用这些问题还有一个安全提示。问题的数目不少,尽管在求职面试时显得投入、懂行、感兴趣是好事,我还是不建议一次性把所有的问题都抛出去。一般来说,面试的时候表现得太愤世嫉俗会起到反效果。另外,我也明白目前职业市场竞争有多激烈,很多读者找到任何一份工作都会满足,这样的话我的这些问题或许就显得无关紧要了。但是,掌握一些尖锐的问题总是有好处的,未来法律人认真思考一下这些难题对其也有帮助。

你们有长期的战略规划吗?

这个简单的问题可能会激发出各种各样的生理反应,从紧张的假笑到轻蔑的低声自语。律所高层经常会回答说他们还没有在正式的文件中写下他们的战略,不过该律所的合伙人都知道他们的战略是什么。这些永远都是胡说八道。在这些律所里面,大多数合伙人都会私下承认他们对本所的战略根本一无所知。那些高层不是在掩盖,就是尝试去做出合理化的解释。不是说写进文档的书面战略本身就有多大的价值,但没有这样一个文档通常就意味着缺乏战略思考。

我注意到有的律所高层说,在目前的经济形势下,他们只能着眼于短期。但正如第 6 章所强调的,最出色的领袖会一边留意当下,同时着眼于他们组织的长期战略状况。如果一位律所高级合伙人只关注于捏软柿子,或者赢一城一地的小仗,绝对是值得焦虑的事情,这显示出快速衰落之前的短视。

对这个问题另一种回答可能是拿出一份300页厚的报告。外部管理咨询公司经常会干这种事。这本身就是有问题的——一家律所的战略将决定其未来,撰写这份文档的任务如此重要,不应该外包给另一家机构。此外,陈述一家法律服务机构的战略也不应该需要花几百页才能说清楚。

你不太可能会拿到一份完整的战略文档,因为它会被当作"最高机密"来保护。但是你可能会拿到一份经过删节的摘要。在这份文件中,你应该去找这家律所对其在商业大环境下,尤其是法律市场的变革中做出深入思考的证据。文件中应该有能大概看出该所对于(比如)5年后应处于何种地位的雄心,以及为达此目的需要实现哪些重要变革。文件还应该指出律所主要的目标市场,以及在这些市场中如何参与竞争。你还应该寻找对该律所核心价值和主导文化的说明。该战略导向整体上应该是可实现的,你要感觉能被其说服。文件还应该列出几个总体任务,而不是罗列一大篇零碎做法。

如果包含上述要点的战略文件不存在,那么这家律所并没有为其未来做好明智准备,因此也不是一家能为未来律师提供坚实基础的律所。

2036年的法律服务会是什么样子？

我上一个关于长期战略的问题，是为了测试某家企业对于未来大约5到10年的想法。现在这个问题着眼于超出未来20年之外，也就是一代人之后的法律服务会变成怎样。本书的导论中，我提到当我20世纪80年代初在法学院与朋友和教授讨论时，大家的共同看法是律师们的日常工作在此后半个世纪不会有什么变化。在那个情景下，我们并没有错。那时并没有什么迫切的变革驱动力可与事多钱少的难题、准入放宽、技术相提并论（这三点也是本书贯穿始终的主题）。

尤其可以再看一下技术，尽管IBM在我念法律学位的最后一年发布了个人电脑，但那时候我们还不能预见一个大规模技术激变的时代。与之形成鲜明对比，由于我们正在见证技术发展和功能的爆炸式增长，如果还有任何人说法律服务到（比如说）2036年还会跟现在差不多，那则是相当短视的。当然，没有人能预见那时候我们的世界会是怎样，但是当你问潜在的雇主一个关于遥远未来的问题时，你并不是想要一个确切、权威的回答。确实，要谨慎对待任何对此问题过分言之凿凿的人。如果你对本书的观点和预期觉得信服，那你想要建立执业生涯的律所,其成员应当要表现出对未来的兴趣和关注。对这个问题不屑一顾的回答是目光短浅的表现。相反,你应该寻找一家思想开放并欢迎员工去争辩未来的可能性的企业。

你看到其他律所止步不前,觉得欣慰吗?

如果变革不可避免,那优秀律所的聪明律师通常会迅速适应。他们别无选择。如果有火坑,他们就不得不跳出来。如果没那么势在必行,大多数律所,即使是顶级的那些,动力也更多来自于在竞争中掉队的恐惧,而不是领先于对手的渴望。换句话说,律所更需要避免竞争劣势,而不是获得竞争优势。不像很多其他产业,例如电子消费品,其增长动力在于从节奏和思想上领先于市场。当和律所高层会面时,我反而觉得最容易说动他们的方法是谈主要竞争对手的成绩。

因此,很多律师确实能从其他他们尊重的律所获得巨大安慰,如果这些律所并未尝试反思他们的工作方式,采用新技术,或者采纳本书其他建议。

所以,如果一家律所能坚持适应客户需求而不是被动参与竞争,如果他们认为市场会要求根本性变革,如果他们认识到其他律所的保守作风是给市场新领导者的机遇,那你就应该对这家律所保持高度乐观。如果你从一家机构能得到这几个信息,请尽力抓住工作机会。

有趣的是,相比主流律所对市场状况变化无动于衷,如果你和法律市场的替代性供应商会面,比如法律流程外包商、法律出版商、大型会计师事务所,那你会感受到他们大多数都渴望变革,对未来感到激动,其程度远超主流律所。

你们更倾向于何种替代性处理方式?

如果问出这个问题之后,对方表情一片空白,或者一脸不解,那你可能得再解释一下:既然客户越来越多要求他们的法律顾问找出削减日常和重复性工作费用的方法,你们觉得怎样才最管用?

如果律所说他们正在认真考虑这个问题,或者他们正在和低成本的供应商(例如法律流程外包商、合同制律师,或其他类似的)接触,但却说不出更多别的什么,那你就要小心了。要找具体行动的证据,而不仅仅是思考和讨论。

即使律所说他们已经投资了一些设施——或许是近岸中心或者分包机制——你要继续试探一下这些是摆摆样子

还是认真投入。有些律所确实有一些小规模的安排,但那经常只是合伙人用来跟客户显示他们有所作为的姿态罢了。

一般来说,如果一家企业是在认真投入,应该很容易看出来。你能感觉到热忱,他们会谈到各种具体经历,哪些做得好,而哪些还需要改进。

技术未来会在律所扮演怎样的角色?

大多数律师并不完全乐意谈及技术在他们律所的变革作用。他们能明白无误地谈到他们正在使用的系统,比如电子邮件、文字处理、幻灯片演示,当然还有他们最爱的手持设备。大多数律所会有复杂的技术部门,律所也确实高度依赖于技术。但是,我所谈到的技术并不是指办公后台系统,而是那些直接影响和支持客户服务的系统。例如,一类是知识系统——一套应用软件的集合(从内网到数据库到内部社交网络),汇集与提供律所的全部经验与专长;或者是客户关系系统,其服务如在线交易室,提供律所与客户的新沟通渠道;再或者在线法律服务——例如提供法律意见与文件的系统。

在未来 10 年间,我们会见到技术跨出办公后台的范畴,并颠覆性地(见第 5 章)改造律师为客户工作的方式。

评判你正在考虑的律所的技术精深程度,你应该首先寻找对刚刚描述的这些变革的认可,然后寻找对新兴技术的投资证据。一个可以问的有趣的问题是:"你们所是不是有一个正式的流程来观察新兴技术,并评价新兴技术对你们执业领域的影响?"你会发现很少有律所有这样的流程。如果你发现了一家,那么就是它了。

你们有研发能力吗?

如果你是一家像苹果或索尼那样的电子消费品公司,那么你现在还没有发明出能成为你 5 年后业务基石的产品。医药公司的情况也类似。正因如此,这类企业和很多其他企业都有研究和开发(R&D)方面的预算和部门——由非常聪明的人构成(我常常把他们想象成穿白大褂、高眉毛的人)。他们有深入思考和创新的自由,为未来提出各种各样的构想。他们大多数的想法从未见天日。研发人员被鼓励去思考难以想象的东西,大胆而无畏。即使他们的发明没有被商业化,也不认为是失败。

对于律所也有一个类似的问题。如果本书第一部分与第二部分的观点讲得通,那律师也会可能在未来 5 到 10 年提供他们现在还没想到的服务。既然如此,律所应该如何创新?谁能想出新的颠覆市场的法律服务?问律所他们是否以及如何投资研发并非不合常理。另一个补充问题是律所年收入的多少百分比被划为研发预算(电子消费品和医药公司大约将营业额的15%~20%用于研发)。

很少有律所目前有研发预算和研发部门,所以如果他们已经了解到很快就有必要进行研发,那就已经是个不错的答案了。那些对此不屑一顾,希望能在旧工作方法下多苟延残喘几年的律所,你就不要将其当作能长期委身的可靠雇主了。

如果你们能从头设计一家律所,你会怎么做?

我给客户做咨询,我会把这个问题作为必经的一环。我把它叫作"白纸思维"。我发现大多数律师思考长期问题时,会经常局限于眼前的设定。他们即使思考未来也基于当下现状,或者说他们是倒着走进未来的。相比而言,在那些大变革的年代,我鼓励律所要有前瞻性,把他们律所目前的组织和定位形式搁在一边,超前思考5年后他们可能处于何种位置,又应当处于何种位置。

为了帮助他们进行前瞻性思考,我让他们回答下列问题:"如果给你一张白纸,让你把你们的业务或律所从头设计,你会怎么做?"(我会给一系列提示来抛砖引玉,但不会局限于我所提及的方面。)如果你也追问类似的问题,你可以尝试了解到,如果你潜在的雇主可以一挥魔杖来推倒重建他们的业务,他们会如何应对眼前的急迫问题。

你可能会跟我一样发现,这个思维实验把很多律师从他们目前工作方式的桎梏中解放出来,从而激发出很多令人惊叹的见解,例如律所应该位于何处,应该雇用多少人,工作应该如何分配和外包,应该采用哪些技术,应该寻求多少外部资本,等等。

如果面试人对你问题的反馈结果是,重新设想的业务会和他们今天的实际形式相差无几,那我会深表疑虑。另外,如果这个问题引发了一系列关于不同工作方式的有想象力和令人深思的想法,那这个雇主可能对你来说是值得激动并进一步考察的。

记住我并没有说你要把最后一个问题,以及本章列出的其他问题一股脑儿抛给潜在雇主。尽管如此,抛出一两个尖锐问题会给人留下深刻印象。本章对这些问题的讨论也会对你的未来大有裨益。

18
人工智能与行业远景

长远来看,我预见到的这些律所和司法体制的变革会无处不在、不可逆转、时移世变。我不是说这意味着法律行业会在未来3到6个月就风头急转。但我相信,随着时间慢慢进入21世纪20年代,我们会看到不少根本性的转变。

再往前看一点,到2036年——往后数20年,正是现在年轻律师的事业中期——如果说那时的法律职业和如今相比会变得面目全非,恐怕既不是夸张也不是幻想。在这最后一章里,我想把这场法律界的革命放到更宽广的语境中去谈。

人工智能

思考法律的远景时,我们很难无视最近人工智能应用于法律服务的思潮。媒体或社交媒体上几乎没有哪一周不重提机器人律师或人工智能系统比传统人类律师强,或者终将取而代之。比如说,有消息称英国"魔法圈"律所[1]中多数已与人工智能服务商签约并对这些投入寄予厚望。我对这类消息极感兴趣,因为对这个领域关注已久——20世纪80年代中期我在牛津完成了人工智能与法律的博士研究之后,对本领域发展的浓厚兴趣从未减退。在我看来,很多如今的说法夸大了人工智能在未来几年的实现程度。另外,尽管听起来夸张,我觉得长远看这些说法还低估了技术可能对法律的影响。我们的机器和系统正变得越来越强大,假以时日,它们会承担越来越多传统认为专属于实务人士的法律工作。这看起来是当前人们谈到法律人工智能时所指——各种过去要求能思考的人类律师去做的法律工作,现在技术系统就可以完成了。尤其是借用第5章中的词语,最近讨论人工智能更关心文档分析、机器预测、法律人机问答,而关心文档自动化相对少了。没有人说这些系统实际上有意识(因此他们是所谓"弱人工智能"的例子,而非"强人工智能"),但从功

---

[1] 一般指总部位于伦敦的五家国际化程度和收入最高的律所:高伟绅(Clifford Chance)、年利达(Linklaters)、安理(Allen & Overy)、富而德(Freshfields)和司力达(Slaughter & May)。

能上看,它们似乎在做律师的工作。

当我开始接触法律人工智能时,一种方法在本领域占统治地位——将法律专家的知识和推理过程通过访谈从他们头脑中挖掘出来,这种方法被称作"知识导出"。导出后的知识被编写进复杂的决策树,投入计算机系统供非法律专家用户使用。我们称其为"基于规则的专家系统"。系统向用户提问,并能回答法律问题和起草法律文件,质量往往还比人类专家做得好一些。1988年,我参与开发了世界上第一套商用系统,"潜在损害系统"(Latent Damage System),就是通过前面这种方法在责任限制这个特定小领域内为用户提供咨询。该系统将法律研究所需时间从数小时缩短为数分钟,而该法律领域的专家菲利普·卡珀(Phillip Capper)教授也欣然承认系统的最终版已经比他强了。但搭建和维护这类系统成本很高。而且因为那时候法律行业主流采用昂贵却几乎无人挑战的按时计费方式,这类技术系统对律所也没什么吸引力,因为减少了律师法律工作可计费时长。

尽管怀疑论者说这第一波的人工智能未留下什么影响,但背后的方法时至今日依然被广泛采用,例如用在世界各地文档自动化系统和律所提供的在线法律服务。另外,产值高达数十亿每年的税务(个人和企业税务)合规产业也建立在第一代法律人工智能之上。

重要的是,第一波人工智能思路是让机器仿照最优秀的人类专家来解决法律问题,现在有了第二波人工智能,开发者扬弃了原有思路,产生了三类关键系统。第一类系统可以分析大量法律素材,这就是"机器学习"和"大数据"的领域。有些系统已经可以比专业律师作出更准确的预测了。例如,利用10万多案例中的数据,Lex Machina系统自称能比诉讼律师更准确地判断美国专利诉讼的成功概率。相关这类系统(最初经由律师"训练"或"督导")可以搜检海量诉讼材料,比初级律师和律师助理更准确地抓取出相关文件。类似方法也用到了尽职调查。这些都是第5章所说的"颠覆性"技术。

还有第二类颠覆性的系统,能用看起来智能的方式回答提问和解决问题(法律人机问答)。这里最好的例子是IBM的沃森。如第5章所说,该系统2011年在美国一期竞答节目直播中出场,并击败了两位史上最强的人类选手。想想:一个技术系统能有效应对世界上任何方面的任何问题,还比任何人类更快更准。看到沃森应用于医疗领域的成效不错,几家律师和法律服务商也受了鼓舞,他们现在联合了 IBM 开发沃森在法律行业的应用。

最后一个领域是情感计算。采用这种技术的系统能探测和表达情绪。这类系统已经可以比人类更准确地区分伪装和真实的笑容。

当如今的机器能够比人类更强地做出预测、识别相关文件、回答问题和处理情绪,究竟是人类还是系统将会在未来数十年从事法律工作?这对法律人不仅是个合理的问题,更是个攸关存亡的问题。

尽管如此,很多法律人依然死脑筋,坚持他们的工作不能被机器取代。他们说计算机不能思考或感受,因此不能行使判断力或产生情感共鸣。这种说法的通常依据被丹尼尔·萨斯坎德和我在《专业服务的未来》一书中称作"人工智能谬误",即误以为机器表现比人类律师强的唯一方法是仿照人类律师的工作方式。这种观点错就错在没有认识到第二波的人工智能系统并不照搬人类思维过程。1997 年当 IBM 的"深蓝"系统击败世界象棋冠军加里·卡斯帕罗夫(Garry Kasparov)时,我们已经认识到这一点了。深蓝获胜并不在于复制了人类象棋大师的思维过程,而在于每秒钟高达

3.3亿步的计算速度。对于法律也是如此——人类律师将会被海量数据之上运行的野蛮处理能力和非凡算法压倒。

因此我再表达一次,随着机器越来越强大,它们会稳步蚕食律师的工作。最优秀和聪慧的人类专业人士将会坚持最久,因为他们的专业工作不能也不应该被机器取代。但这类工作不会太多,无法让大批的传统律师继续糊口。对律师来说丢工作尚未到火烧眉毛的地步。如第13章解释,起码到21世纪20年代,律师还能另有所为而不是无事可做——律师将从事不同的工作。这段期间内,从求职角度出发,律师应该准备好要么跟机器**竞争**(寻找更可能有利于人类能力而不是人工智能的法律工作),要么**搭建**机器(旨在直接加入新法律技术和系统的开发和投放)。从长远来说,最终传统律师的人数需求会大大缩减的结局恐怕是无法避免的。

电钻还是小孔?

可以理解,当我面对律师和法律学生讲出这一系列关于人工智能取代一些或者大量律师工作的论述时,会造成不少焦虑甚至气愤。这种时候我往往会请质疑者来思考一个我最喜欢的商业故事。这个故事关于一家世界上电动工具的领军制造商,据说这家公司会把他们所有的新管理人员叫在一起参加培训课程。一开始,大屏幕上会展示一张幻灯片供他们考虑。幻灯片上是一张闪闪发光的电钻照片,老师就问这些新招募的管理人员,这是不是他们公司卖的产品。

新的管理人员开始会显得有点惊讶,不过很快就一起鼓起勇气说:"是的,这确实是我们公司卖的产品。"看到了一些明显的得意之情,培训师会转到下一张幻灯片,显示一块木板上有个精心钻好的小孔。"这个,"培训师说,"才是我们客户想要的。你们作为新管理人员的工作是永远去找更有创造力、想象力、竞争力的方法,来满足客户所需。"

这个故事给律师上了重要一课。大多数资深法律实务工作者,当考虑他们行业的未来时,很容易停留在电钻的思维模式。他们问自己,"今天我们干什么?"(答:一对一、咨询顾问服务、经常以小时计费),然后才是"我们怎么才能让这项服务更便宜、高效,或者更好一些?"他们极少会退一步来反问自己,怎么才能钻好法律世界里墙上的小孔(借用故事中的语言)。客户指示律师工作时,他们到底想获得什么价值和利益?

二十多年来,我不停地问律师们:"法律服务那面墙上的小孔是什么？"其中最好的回答之一间接来自毕马威，那是世界上最好的会计和税务事务所之一。我对宗旨一类的东西不太感冒，但数年前我曾在毕马威的网站上看到他们宗旨里有一句话，觉得极好："我们的存在是为了把我们的知识变成对客户有益的价值。"我觉得这句话也精准地表达了律师的作用：律师有知识、专长、经验、见解和技能，可以将之运用于客户事务的具体情境之中。律师有他们客户不具备的知识和经验。

注意，毕马威并没有说他们的存在是为了提供按小时计费的一对一咨询顾问服务。他们没有把工作的方法和提供的价值混为一谈。

毕马威关于职业顾问或法律顾问角色的表述也带出很多洞见。对律师来说，我认为最重要的是其引出的挑战：如果我们能找到创新的方式来使客户运用我们的知识和专长，那会怎么样？当然尤其是，如果我们作为律师能让知识和专长通过在线法律服务来提供，无论是起草文档还是解决纠纷，又会如何？如果我们能找到提供律师经验的在线方式，从而降低服务费用、提高效率、更加便捷快速，那我相信受事多钱少难题压迫的客户一定会张开双臂欢迎。

不过当然，这个观点往往被质疑，他们说客户永远需要咨询他们能信任的人类律师。我的研究并不支持这个观点。面对法律问题的人们想要一个可信的解决方案——如果用在线提供的方式也能可靠地解决掉问题，那人们往往会欣然放弃人工服务的。

未来最不可能的是一成不变

很容易说我们无法预测未来，虽然这有点陈词滥调。这种说法似乎给了缺乏想象力又目光短浅的懒惰者通行证，让他们无视任何远见，一律鄙之为胡乱猜测。相比之下，我认同其他很多人的立场，我相信我们可以预见很多（虽然不是全部）大趋势，即使不能具体到未来世界的种种细节。

一种思考未来的有趣方式，是考虑我们目前的状态多大程度上可持续。在目前的经济形式下，大势趋于准入放宽，市场中出现新的服务提供者，以及技术功能和范围的蓬勃高速增长。我无法想象我们现在的法律制度和法律职业会在未来 10 年大体不变。确实在我看来，法律世界未来最不可能的情况就是一成不变。然而，大多数律所、法学院和司法部门的策略反而是假定未来不变。事实上，对于法律市场的主体来说，现行模式并不仅仅是不可持续的，而且是已经衰败的。

再从另一个积极点的角度来看待法律与法律服务。法律与法律服务的核心是法律信息（从成文法的法规规则到专家头脑中的专业知识）。现在先停一下，思考一下信息意味着什么。我们正见证社会中"信息底层结构"（information sub-structure）的变革。1996年我引入了这个词来指代信息收集、分享、传播的主要方式。人类学家已经观察到，人类已经经历了信息底层结构的四个阶段：口头时代，信息通过语言传播；书写时代；然后印刷时代；当代世界，通讯越来越依靠技术。毫无疑问，还会有第五个时代，那时纳米、机器人、基因和信息技术将相互融合，这大约要到三四十年后。到了那个超人类主义（transhumanism）的纪元，我猜测——尽管把这个猜想说出来我有点犹豫，因为很可能被批评者断章取义——那时法律法规会全部嵌入芯片与网络，而这些芯片与网络会植入我们的实务工作中，甚至最终植入我们的大脑，或者可以被大脑远程读取。

目前，我们正在迈向第三与第四时代过渡期的终点，从基于印刷的工业社会进入基于技术的互联网社会。这里的关键是，社会中的信息底层结构很大程度上决定了我们有多少法律，法律有多复杂，法律改变有多频繁，以及什么人有责任和知识上的能力来就法律提供意见。如果我们考察法律随历史而演化的方式，我们就能理解随信息底层结构改变而带来的法律转型。我们正身处信息革命之中。如果说法律和律师的工作方式不可能会安然无恙，恐怕并不是随口胡说吧。

这些思考让我在 1996 年写下《法律的未来》一书，预言法律范式的转型，第 12 章已有讨论。我是指很多或大多数我们关于法律服务和法律流程的根本性预设，会被技术和互联网挑战和取代。当时这是对于 20 年后的预言，如今我再次斗胆放言我描绘的发展方向已可见不虚，尽管我承认或许我们的进程还落后了 5 年左右。

我们需要法律"专业"吗？

我在本书中预言的变革对专业服务的未来提出了更深远的问题。为什么我们要让某些专业群体对某些人类活动享有垄断权？例如会计专业人员、医生专业人员、法律专业人员等，他们被排他性地授权和许可从事相应的法定审计、手术、法庭辩护。仿佛有某些我们在《专业服务的未来》书中称作"大妥协"的社会契约,授权某些有技能、有知识的人群来从事普通人自己干起来会无从下手或带来危险的工作。因此,我们有了这些受信任的顾问,他们负责时时更新他们的知识,并以保密、普通人负担得起并能接触到的方式运用这些知识。出于这些人的训练和经验、能力和正直、行为准则,我们信任他们。他们享有那个群体的声誉和威望,他们的经验被其他社会成员所需要和尊重。

然而,这种模式有一些问题。首先,大多数社会中,我们很难负担得起以一对一传统方式提供的专业知识和经验。尤其在当今困难的经济形势下,医疗服务、法律服务、教育服务,还有其他很多都承担了巨大舆论压力。旧的模式看起来不能产出容易负担和易于接触的服务。

对这个模式的第二个挑战,是提供知识和经验的新渠道已被开发出来。这就是互联网。正如本书一贯所言,普通人已经可以通过诸如在线法律指导系统、文档自动化、法律经验社区,或者相对便宜的视频会议等接触到律师们的见解和经验。

对职业的第三个挑战触及一个关键问题的核心——那

些反对变革者的动机。正如本书一开始引述克莱·舍基所言,正是这些专业群体的领导层和体制使得问题久悬不决,而他们本身恰恰是解决问题的关键所在。用更加通俗的话来说,屁股决定脑袋。从既得利益者的角度出发,这也称不上太保守或反动。毫无疑问,正是这样才让乔治·伯纳德·萧伯纳(George Bernard Shaw)写下著名的"所有的专业都是对普通人的阴谋"。

我的表述略有不同。在法律界,我观察到有两大阵营(中间还有一些小阵营):善良的管理员和狭隘的守门人。善良的管理员秉承前述职业理念,认同其职责是完善法律,使社会成员能负担得起并易于接受。他们是普通人与法律之间的桥梁,他们努力变得和蔼可亲。与此相对,狭隘的守门人想要给法律业务围起藩篱,成为他们的保留地,不管某行为是不是真的需要律师的经验,也不管这种准保护主义会不会使法律变得难以负担、高不可攀。在美国,当律师们抗议帮助公民的在线法律系统,并指责提供者非法从事法律工作,我们就经常看到第二阵营出现。他们号称抗议的主要关切在于实现司法开放或保护当事人利益,这种虚伪真是令人作呕。事实上,他们很多人(但并非全部)主要关注的是他们自己,以及对他们收入和自尊心的威胁。

你的任务

我诚恳地请求你——未来的法律人——担起善良管理员的职责。哪些法律事务的领域真正出于保护当事人利益而保留给律师,在这个问题上,你对自己、对社会都要诚实相待。你应该为了社会公益而不是律师利益从事法律工作。平心而论,当一些法律工作也能由非律师提供可靠负责的服务时,你应该为更多人能享受到法律服务而感到高兴,用你的创造力和创业精神去追寻其他工作方式,使你的法律知识和经验能给客户带去独特价值。

我常常提醒律师们,因为有法律,律师才能养家糊口,正如因为有疾病,医生才能维持生计。但法律的目的并不是要养活律师。律师的存在是为了帮助社会满足对法律的需求。

硅谷的计算机科学家艾伦·凯(Alan Kay)也给出过略有差异但相关的说法。他曾说:"预测未来的最好方法是创造未来。"这给未来法律人传达了有力信息。法律服务的未来状态还没有变成现实,某种意义上我们预测了未来,但未来还在等待被实现。并不是说我和其他跟进法律服务趋势的评论家能预见到未来,而大多数律师不能。我所做的一切只是摆开一席思想上的自助餐——至于是否选择其中的那些菜,则由未来律师和其他法律服务提供者自便。

未来法律人应该感到欢欣鼓舞。参与塑造下一代法律服务的机遇,前所未有。你们会发现大多数当前的资深律师对此探索无甚帮助。就算说不上反动,你们的前辈也会谨慎、小心、保守。他们会拒绝改变,即使传统工作方式早已过时,他们还是固守不变。

事实上是,你们只能依靠自己。法律是我们最重要的社会制度,我力荐你们加入我称作"升级正义"这个不断壮大的运动之中——探索用技术来为法律开辟新的道路。

拓展阅读

关于法律服务未来的文献数量增长迅猛。下面这个小书目包括了我在本书正文中明确提到的著作,也包括我推荐给有兴趣深入本领域的读者的其他书籍与长文。我没有列出本书提及的律所、法律服务机构、公开报告和在线服务的资料,因为这些很容易就能从网上找到。

文 献

Baker, S., *Final Jeopardy: Man vs. Machine and the Quest to Know Everything* (New York: Houghton Mifflin Harcourt, 2011).

Beaton, G. and Kaschner, I., *Remaking Law Firms* (Chicago: American Bar Association, 2016).

Benkler, Y., *The Wealth of Networks* (New Haven: Yale

University Press, 2006).

Black, N., *Cloud Computing for Lawyers* (Chicago: American Bar Association, 2012).

Bull, C., *The Legal Process Improvement Toolkit* (London: Ark, 2012).

Canadian Bar Association, *Futures: Transforming the Delivery of Legal Services in Canada* (Ottawa: Canadian Bar Association, 2014).

Chambliss, E., Knake, R. N., and Nelson, R. L., 'What We Need to Know About the Future of Legal Services' (2016) 67(2) *South Carolina Law Review* 193.

Christensen, C., *The Innovator's Dilemma* (Boston: Harvard Business School Press, 1997).

Civil Justice Council (Online Dispute Resolution Advisory Group), *Online Dispute Resolution for Low Value Civil Claims* (London: Civil Justice Council, 2015).

Dershowitz, A., *Letters to a Young Lawyer* (New York: Basic Books, 2001).

Dutton, W. and Blank, G., *Cultures of the Internet: The*

Internet in Britain, Oxford Internet Study 2013 (Oxford: Oxford Internet Institute, 2013).

Faure, T., *The Smarter Legal Model* (London: The Practical Law Company, 2010).

Galbenski, D., *Unbound: How Entrepreneurship is Dramatically Transforming Legal Services Today* (Royal Oak: Lumen Legal, 2009).

Grossman, M. and Cormack, G., 'Technology-Assisted Review in E-Discovery Can be More Effective and More Efficient Than Exhaustive Manual Review' (2011) XVII(3) *Richmond Journal of Law and Technology* 1.

Harper, S. J., *The Lawyer Bubble* (New York: Basic Books, 2013).

Haskins, P. A. (ed.), *The Relevant Lawyer* (Chicago: American Bar Association, 2013).

Kafka, F., *The Trial* (Harmondsworth: Penguin, 1983).

Katsh, E. and Rabinovich-Einy, O., *Digital Justice: Technology and the Internet of Conflict* (New York: Oxford University Press, 2017).

Katz, D. M., Bommarito, M. J., and Blackman J., 'Predicting the Behavior of the Supreme Court of the United States: A General Approach' (21 July, 2014), available at SSRN: <http://ssrn.com/abstract=2463244>.

Kimbro, S., *Limited Scope Legal Services: Unbundling and the Self-Help Client* (Chicago: American Bar Association, 2012).

Kowalski, M., *Avoiding Extinction: Reimagining Legal Services for the 21st Century* (Chicago: American Bar Association, 2012).

Kurzweil, R., *The Singularity is Near* (New York: Viking, 2005).

JUSTICE, *What is a Court?* (London: Justice, 2016).

Law Society of England and Wales, *The Futue of Legal Services* (London: The Law Society, 2016).

Legal Services Board, *Understanding Consumer Needs from Legall Information Sources* (London: LSB, 2012).

Levitt, T., 'Production-Line Approach to Service' (1972) (September–October) *Harvard Business Review* 41.

Levitt, T., *Marketing Myopia* (Boston: Harvard Business

School Publishing Corporation, 2008).

Levy, S., *Legal Project Management* (Seattle: DayPack, 2009).

Lightfoot, C., *Tomorrow's Naked Lawyer* (London: Ark, 2014).

Maharg, P., *Transforming Legal Education* (Aldershot: Ashgate, 2007).

Ministry of Justice, 'Virtual Court Pilot: Outcome Evaluation' (London, 2010), available at <http://www.justice.gov.uk/>.

Morgan, T., *The Vanishing American Lawyer* (New York: Oxford University Press, 2010).

Mountain, D. R., 'Disrupting Conventional Law Firm Business Models Using Document Assembly' (2007) 15(2) *International Journal of Law and Information Technology* 170.

Paliwala, A. (ed.), *A History of Legal Informatics* (Saragossa: Prensas Universitarias de Zaragoza, 2010).

Parsons, M., *Effective Knowledge Management for Law Firms* (New York: Oxford University Press, 2004).

Paterson, A., *Lawyers and the Public Good* (Cambridge:

Cambridge University Press, 2012).

Pink, D., *A Whole New Mind* (London: Cyan, 2005).

Regan, M. and Heenan, P., 'Supply Chains and Porous Boundaries: The Disaggregation of Legal Services' (2010) 78 *Fordham Law Review* 2137.

Resnik, J. and Curtis, D., *Representing Justice* (New Haven: Yale University Press, 2011).

Rhode, D. L., *The Trouble with Lawyers* (New York: Oxford University Press, 2015).

Sako, M., *General Counsel with Power?* (Oxford: Said Business School, 2011), available at < http://www.sbs.ox.ac.uk/ >.

Staudt, R. W. and Lauritsen, M. (eds.), 'Justice, Lawyering and Legal Education in the Digital Age' (2013) 88(3) *Chicago Kent Law Review* 879.

Susskind, R. E., *The Future of Law* (Oxford: Oxford University Press, 1996; paperback edn, 1998).

Susskind, R. E., *Transforming the Law* (Oxford: Oxford University Press, 2000; paperback edn, 2003).

Susskind, R. E., *The End of Lawyers?* (Oxford: Oxford University Press, 2008; paperback edn, 2010).

Susskind, R. E. and Susskind, D. R, *The Future of the Professions* (Oxford: Oxford University Press, 2015).

Tamanaha, B., *Failing Law Schools* (Chicago: University of Chicago Press, 2012).

Wahab, M., Katsh, E., and Rainey, D. (eds), *Online Dispute Resolution: Theory and Practice* (The Hague: Eleven International, 2012).

Woolf, Lord, *Access to Justice-Interim Report and Final Report* (Woolf Inquiry Team, June 2005 and July 2006), available at < http://www. justice. gov. uk/ >.

著作权合同登记号　图字:01-2017-7254

图书在版编目(CIP)数据

法律人的明天会怎样?:法律职业的未来/(英)理查德·萨斯坎德著;何广越译. —2版. —北京:北京大学出版社,2019.7
ISBN 978-7-301-30490-7

Ⅰ.①法…　Ⅱ.①理…②何…　Ⅲ.①律师—工作—研究
Ⅳ.①D916.5

中国版本图书馆CIP数据核字(2019)第084547号

"TOMORROW'S LAWYERS: AN INTRODUCTION TO YOUR FUTURE, SECOND EDITION" was originally published in English in 2017.
This translation is published by arrangement with Oxford University Press.
© Richard Susskind, 2017.
All Rights Reserved.
本书原版由牛津大学出版社于2017年出版。本书中文版经其授权翻译出版。
版权所有,侵权必究。

书　　　名	法律人的明天会怎样?——法律职业的未来(第二版) FALÜREN DE MINGTIAN HUI ZENYANG? ——FALÜ ZHIYE DE WEILAI (DI-ER BAN)
著作责任者	〔英〕理查德·萨斯坎德　著　何广越　译
责任编辑	杨玉洁
标准书号	ISBN 978-7-301-30490-7
出版发行	北京大学出版社
地　　　址	北京市海淀区成府路205号　100871
网　　　址	http://www.pup.cn　http://www.yandayuanzhao.com
电子邮箱	编辑部 yandayuanzhao@pup.cn　总编室 zpup@pup.cn
新浪微博	@北京大学出版社　@北大出版社燕大元照法律图书
电　　　话	邮购部 010-62752015　发行部 010-62750672 编辑部 010-62117788
印　刷　者	涿州市星河印刷有限公司
经　销　者	新华书店
	787毫米×1092毫米　32开本　7.875印张　118千字 2015年9月第1版 2019年7月第2版　2024年9月第6次印刷
定　　　价	49.00元

未经许可,不得以任何方式复制或抄袭本书之部分或全部内容。
版权所有,侵权必究
举报电话: 010-62752024　电子邮箱: fd@pup.cn
图书如有印装质量问题,请与出版部联系,电话: 010-62756370